Bärbel Kovalevski

Georg Friedrich Kersting (1785–1847)

Sächsische Monografien
Band 1

DONATUS

Zur Autorin

Dr. Bärbel Kovalevski studierte nach ihrer Ausbildung als Museologin Geschichte an der Humboldt-Universität Berlin und promovierte 1985 an der Ernst-Moritz-Arndt-Universität Greifswald zum Thema „Georg Friedrich Kersting als Malervorsteher an der Königlich-Sächsischen Porzellanmanufaktur Meißen". Sie war Mitarbeiterin des Museums der Stadt Güstrow, welches sie von 1969 bis 1982 leitete. Ab 1984 war sie als wissenschaftliche Mitarbeiterin für die Kunst des 20. Jahrhunderts am Museum für Deutsche Geschichte Berlin tätig und arbeitete ab 1988 als freie Mitarbeiterin beim Seemann-Verlag Leipzig (AKL). Dr. Kovalevski lehrte von 1991 bis 1996 Kunst- und Kulturgeschichte an der Hochschule für Technik, Wirtschaft und Kultur Leipzig, Fachbereich Museologie. Seitdem forscht und publiziert sie über Künstlerinnen und Künstler des 18. und 19. Jahrhunderts.

Danksagung

Die Autorin dankt besonders für die Unterstützung und Hilfe, die sie von Museen, Bibliotheken, Archiven und Privatpersonen bei der Erforschung von Leben und Werk des Malers Georg Friedrich Kersting (1785–1847) erhalten hat. Besonderer Dank gilt meinem Ehemann, Prof. Dr. Wladimir Kovalevski, für die konstruktive Mitarbeit an der Publikationsreihe „Kleine Galerie" (Heft 1 bis 6) und Frau Dr. Juliane Brandsch, der ich Dank für die umsichtige Korrektur der Texte aussprechen möchte.
Nun möchte ich meinen herzlichen Dank an Frau Dr. Romy Donath richten, die den Nachdruck der vergriffenen und jetzt überarbeiteten Auflage des Heftes 5 „Georg Friedrich Kersting" ermöglichte und die Gestaltung übernahm.

Bibliografische Information der Deutschen Nationalbibliothek:
Die Deutsche Nationalbibliothek verzeichnet diese Publikation in der Deutschen Nationalbibliografie; detaillierte bibliografische Daten sind im Internet über www.dnb.de abrufbar.

Impressum

Gestaltung:	spitzenton.design
Titelbild:	Die Stickerin, zweite Fassung, 1817, Nationalmuseum Warschau, © Wikimedia
Rücktitel:	Selbstbildnis aus dem Carus-Album, 1814 Städtische Galerie Dresden, Kunstsammlung, © Wikimedia
Verlag:	Donatus-Verlag, Niederjahna
Herstellung:	BOD - Books on demand, Norderstedt
ISBN:	978-3-946710-63-9

Inhaltsverzeichnis

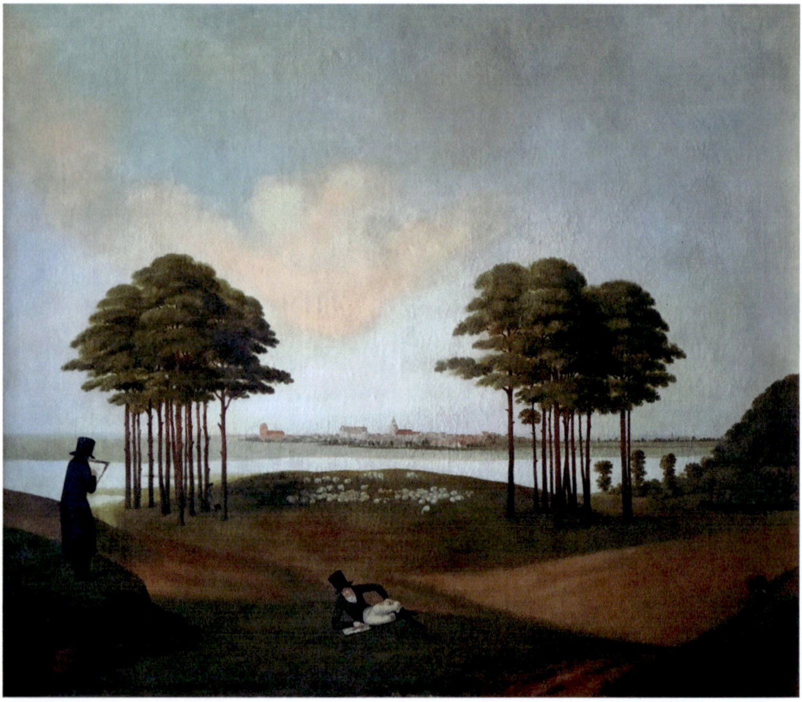

Abb. 1: Ansicht der Stadt Güstrow vom Heidberg, um 1809, Museum der Stadt Güstrow

Jugend und Ausbildung

„Aus Güstrow in Mecklenburg-Schwerin gebürtig, habe ich mich von meiner frühesten Jugend an dem Studium der Mahlerei gewidmet und nachdem ich in den Anfangsgründen derselben einen guten und zweckmäßigen Unterricht genossen, die höhere Ausbildung in dieser Kunst drei Jahre auf der Akademie zu Kopenhagen und auf Reisen mir anzueignen gesucht.“[1]

Diese Zeilen sind dem Bewerbungsschreiben des Malers Georg Friedrich Kersting vom 6. November 1816 aus Warschau an den König von Sachsen, Friedrich August I. (1750–1827) in Dresden entnommen. Der heute hoch geschätzte Künstler, der mit Philipp Otto Runge (1777–1810) und Caspar David Friedrich (1774–1840) das Dreigestirn der norddeutschen Künstler der deutschen Romantik bildet, berichtete darin mit eigenen knappen Worten über seinen Werdegang als Maler.

Die Heimat des Künstlers ist also das Herzogtum Mecklenburg-Schwerin, das mit seinen weiten Feldern und Wiesen im leicht hügeligen Land als „mecklenburgische Schweiz“ bezeichnet wird, wo wie verzaubert die zahlreichen stillen Seen blinken und Wälder mit Buchen, Fichten und Kiefern den naturverbundenen Wanderer erfreuen. In diesem Land bestimmten damals weniger die Bauernhöfe als vielmehr die Gutshäuser und Schlösser neben den Katen der Leibeigenen das ländliche Bild. In den küstennahen Städten an der Ostsee waren Schifffahrt und Handel das Wichtigste im Leben der tätigen Bürger, die noch von der großen Zeit der Hanse zuweilen träumen mochten.

Kerstings Heimatstadt Güstrow liegt im Hinterland von Rostock. In der ehemaligen Residenzstadt blühten einst Handel und Gewerbe ebenso wie ein lebhaftes Markttreiben, das jedoch immer wieder durch Kriegsfolgen gestört wurde. Als Georg Friedrich Kersting am 22. Oktober 1785 geboren wurde, begann sich die Stadt gerade langsam von den Folgen der preußischen Bedrückung zu erholen. Eine umfassende Bautätigkeit setzte ein, die sich bis ins 19. Jahrhundert erstreckte und nach der sich dem Besucher, neben den repräsentativen Renaissancebauten, nun klassizistisch geprägte öffentliche und private Gebäude darboten. Dabei waren es nicht immer Neubauten, sondern auch Modernisierungen in Form von prächtigen Fassaden vor alten Fachwerkbauten.

Um 1780 erreichte Georg Friedrich Kersting d. Ä. (um 1755–1800), Glasergeselle aus Hannover und später Vater des Malers, auf seiner Wanderschaft die Stadt Güstrow, in deren Zentrum hinter dem Marktplatz und dem mittelalterlichen Rathaus die mächtige, mit vier Schiffen breit gelagerte Pfarrkirche (Marienkirche) wie ein Bollwerk in stürmischen Zeiten in sich ruht. In ihrem Inneren hatten gläubige Güstrower nach verheerenden Bränden am Anfang des 16. Jahrhunderts durch großzügige Stiftungen zum reichen Kunstschmuck beigetragen. Von überregionaler Bedeutung ist der prachtvolle Schnitzaltar von Jan Borman aus Brüssel mit den gemalten Tafeln von Bernard von Orley aus dem Jahre 1522. Wie oft mag später der junge Georg Kersting vor den eindrucksvoll

1 Sächsisches Hauptstaatsarchiv Dresden, Loc. 2379, Bauschule bei der Kunstakademie, Bl. 137.

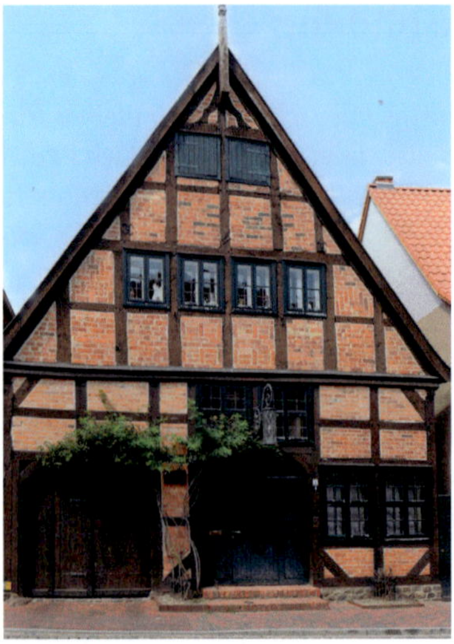

Abb. 2: Wohnhaus der Familie Kersting in Güstrow, Foto von 2020

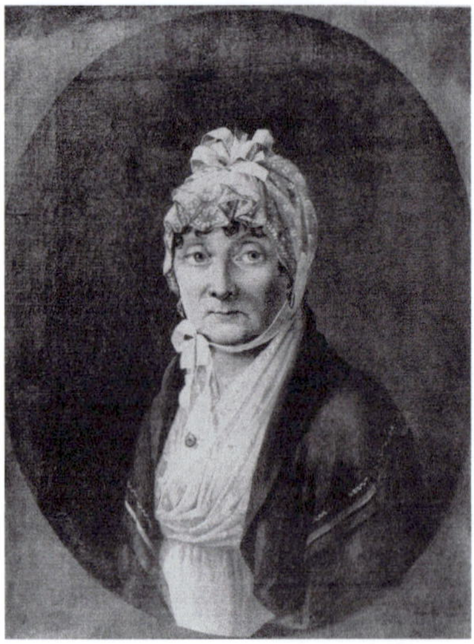

Abb. 3: Bildnis Ilsabe Köster, eine Tante Kerstings, Rostock, 1809 (verschollen)

gemalten Figuren der Apostel gestanden und die Tafeln mit den Darstellungen aus der Passionsgeschichte studiert haben? Auch im Dom konnte er sowohl Bildhauer- wie Malerarbeiten bewundern, die von der niederländischen Kunst beeinflusst waren. Insbesondere die expressiven Figuren der Apostel von Claus Berg um 1530 kündeten von einer neuen Zeit, von dem Aufbruch der Menschen, die sich der Würde ihrer Persönlichkeit bewusst wurden. Auch der Bildhauer Ernst Barlach (1870–1938) hat sich von ihnen tief beeindruckt gezeigt.

Für die geistigen Bedürfnisse sorgten in der Stadt Güstrow um 1800 neben den Schulen eine Lesegesellschaft, die gelehrte Zeitungen und Journale kursieren ließ, sowie zwei Leihbibliotheken, in denen Bücher zur Wissenschaft, Kunst und Geschichte geführt wurden. Einzelne Bürger besaßen ausgezeichnete Bibliotheken und Kunstsammlungen, wie Hofrat Georg Wilhelm Hansen (1740–1806), Protonotar am herzoglichen Hof- und Landgericht Güstrow, der eine Kupferstichsammlung[2] besaß, die aus 46.666 Blättern bestand (ein Teil gelangte später in die Staatsbibliothek Berlin) und Hofrat Christian Friedrich Piper (1776–1859), der eine Bibliothek mit juristischen, naturwissenschaftlichen, philosophischen, historischen Schriften sowie sämtliche Werke der Klassiker und darüber hinaus auch Schriften zur Schauspielkunst, zur Kindererziehung und Psychologie sein eigen nennen konnte. Friedrich Piper gehörte 1828 zu den Gründern des Theaters in Güstrow und damit zu den Bauherren dieses ersten bürgerlichen Theatergebäudes in Mecklenburg. Als langjähriger Meis-

2 Blaschke, Wolfgang: Historische Stadtansichten in der Hansenschen Bildersammlung aus den Bundesländern Brandenburg, Mecklenburg-Vorpommern, Sachsen, Sachsen-Anhalt und Thüringen. Katalog- und quellenkundliche Betrachtungen. Abschlussarbeit an der Hochschule für Technik, Wirtschaft und Kultur, Fachbereich Museologie, Leipzig 1992, Archiv des Fachbereichs Museologie, HS Leipzig oder Bibliothek des Museums der Stadt Güstrow

ter vom Stuhl der Freimaurerloge „Phöbus Apollo“ in Güstrow verfolgte Piper den Lebensweg des jungen Georg Friedrich Kersting mit freundschaftlichem Interesse. Er besaß von der Hand Kerstings eine Kopie des Bildes „Christus mit Kelch“ nach Carlo Dolci (1616–1686), welches Kersting wohl in der Dresdner Zeit gemalt hatte.[3]

Der Glasergeselle Kersting fand in der zum Markt führenden Hollstraße 6 eine Glaserwerkstatt, in der dringend eine Arbeitskraft gebraucht wurde. Der Amtsglaser Helmuth Leonhart Bage war im Juni 1779 verstorben. Seine Witwe Christina Elisabeth (Ilsabe) Bage (1744–1808), Tochter des Brauers Johann Köster, führte das Geschäft weiter, benötigte aber einen Glaser, da ihre Söhne noch Kinder waren. Nachdem Georg Friedrich Kersting d. Ä. am 23. September 1781 Meister geworden war, heiratete er am 27. November 1781 die vierzehn Jahre ältere Witwe Bage und übernahm die Werkstatt sowie die Versorgung ihrer fünf Kinder, von denen das älteste vierzehn und das jüngste Kind drei Jahre alt waren. Am 8. Februar 1782 erhielt Kersting d. Ä. das Bürgerrecht der Stadt, und im Dezember 1782 wurde dem Ehepaar Kersting der Sohn Ludwig August Gottfried geboren, der im Jahre 1811, nach dem Erreichen der Meisterwürde im Glaseramt, als Soldat rekrutiert wurde und im napoleonischen Feldzug gegen Russland sein Leben verlor. Am 31. Oktober 1785 wurde das jüngste und letzte Kind getauft, der am 22. Oktober geborene Sohn Georg Friedrich Kersting.[4]

In dem schlichten Fachwerkhaus Nr. 6 in der Hollstraße wuchs Georg Friedrich mit einem Bruder und den fünf Stiefgeschwistern aus der ersten Ehe der Mutter in wirtschaftlich bedrängten Familienverhältnissen heran. Der Vater bemühte sich vergeblich darum, eine Lizenz in seiner Lieblingsbeschäftigung, der Glasmalerei, zu erhalten. Er versuchte, durch Nebenarbeit als Maler seine Einkünfte aufzubessern, und kam daher des Öfteren mit dem Amt in Konflikt. So wurde dem Knaben im Elternhause drastisch erlebbar, dass die traditionellen Zunftvorschriften ein Hemmnis für die Entwicklung individueller Initiativen waren.

Ein anderes Erlebnis politischer Art wird den Fünfzehnjährigen entscheidend beeinflusst haben. Die sozialen Spannungen in der Stadt führten durch die Verbreitung der Ideen der Französischen Revolution auch hier zu Unruhen. Allein von 1792 bis zum Jahre 1804 gab es in Güstrow acht Streiks der Maurer-, Tischler-, Schneider- und Bäckergesellen, die „auf französisch“ rebellierten. Als im Jahre 1800 eine Missernte in Europa herrschte, nutzten die mecklenburgischen Gutsherren dies und verkauften so viel landwirtschaftliche Erzeugnisse in das Ausland, dass Preiserhöhungen und eine Hungersnot auch in Mecklenburg die Folge waren. Die spontanen Aktionen der aufgebrachten Menschen in Rostock und Güstrow wurden durch den Einsatz der Armee unterdrückt. Auf dem Güstrower Marktplatz erschossen die Soldaten fünf Menschen, viele Demonstranten

3 Wundemann, Johann Christian: Mecklenburg in Hinsicht auf Kultur, Kunst und Geschmack. Schwerin/Wismar 1803, S. 306 ff. – Friedrich Piper. Verzeichnis der von dem wail. Geh. Hofrat Piper in Güstrow hinterlassenen Bücher, Gemälde und Kupferstiche, welche verkauft werden sollen. Güstrow 1859

4 Schult, Friedrich: Die Kerstings in Güstrow. Sonderdruck der Mecklenburgischen Tageszeitung, 27.3.1932. – Landeskirchliches Archiv Schwerin, Taufregister 1 der Güstrower Pfarrkirche, 1740–1789, und Taufregister 2, 1787–1826.

wurden verhaftet und zu sehr harten Strafen verurteilt.[5] Kerstings späteres Eintreten für die Ideale der Freiheit, Gleichheit und Demokratie und sein soziales Engagement in Meißen dürften in diesem Erlebnis seine Wurzeln haben.
Im Jahre 1800 verstarb der Vater im Alter von nur 45 Jahren und die Mutter musste den Handwerksbetrieb erneut allein weiterführen. Auch ihr jüngster Sohn Georg Friedrich hatte nun eine Lehre zu beginnen, da die finanzielle Lage der Familie keine andere Lösung erlaubte. Doch wurde ihm gestattet, seiner vom Vater ererbten Neigung zu folgen und sich dem Malerhandwerk zu widmen.
Die Stiefschwester Anna Christina Bage hatte im Januar 1800 den Bürger und Maler Johann Jacob Beutel geheiratet.[6] Georg Friedrich Kersting, der in seinem oben erwähnten Bewerbungsschreiben von *einem guten und zweckmäßigen Unterricht* berichtete, lernte Dekorationsmalerei bei eben diesem Schwager. Dieser war anscheinend ein selbstbewusster Mann, denn er stellte – wenn auch vergeblich – am 8. Juli 1800 an den Herzog von Mecklenburg-Schwerin den Antrag, den Titel „Hofmaler" zu erhalten.[7]
An Aufträgen zur Gestaltung von Innenräumen in modischen Pastellfarben des Klassizismus mit verschiedensten Ornamenten mag es dem geschickten Mann nicht gefehlt haben. Den Güstrowern wurde auch nachgesagt, dass sie einen Hang zum Luxuriösen hätten. Im Jahre 1803 konnte man über ihre Stadt, die mit 7290 Einwohnern zu den mittelgroßen dieser Zeit gehörte, lesen:
„Ohne eine Residenz-, Handlungs- oder Manufakturstadt zu seyn, findet sich hier nämlich Alles, was nach heutiger Sitte großstädtischer Ton, oder wenn man sogar will, hoher Grad der Kultur heißen mag; […] aller Glanz und Schimmer, den die moderne Lebensart an sich trägt, mit ausgesuchter Eleganz im Innern der Häuser, und mit einem bis zur höchsten Üppigkeit gestiegenen Aufwande in der Kleidung, große Ungezwungenheit in den Sitten und im ganzen gesellschaftlichen Umgange […] in Verbindung mit aller Freiheit im Denken, die in unsern Tagen als hohe Aufklärung gepriesen wird, oft auch mit großer Freimütigkeit im Reden. Endlich auch, um die Ähnlichkeit zu vollenden, Armut und Reichthum im grellen Contrast."[8]
Am Ende der Lehrzeit als Dekorationsmaler bemühte sich der junge, begabte Georg Friedrich Kersting um seine weitere Ausbildung an der Kunstakademie in Kopenhagen. Die Mittel dazu stiftete anscheinend der Onkel Hermann Köster, ein Weinhändler, der in Rostock lebte (Abb. 3: Tante des Künstlers).
Im Jahre 1837 wird Friedrich Piper in einer Rede während der Freimaurer-Versammlung in Güstrow zu Kerstings Streben ausführen:
„Aber das mechanische Uebertünchen der Wände, das ewige Zeichnen bedeutungsloser oder barocker Verzierungen, die ganze handwerksmäßige Beschäf-

---

5 Blaschke (Kovalevski), Bärbel: Aus der Geschichte der Stadt Güstrow. Von ihrer Gründung bis zum Jahre 1848. In: Beiträge zur Geschichte der Stadt Güstrow. Güstrow 1978, S. 15 (Im Folgenden: Blaschke (Kovalevski) 1978).

6 Landeskirchliches Archiv Schwerin, Kirchenbuchabschriften Nr. 16, Eccl. Güstrow Pfarrkirche, Trauungen 1786–1829: 28. Januar 1800.

7 Landeshauptarchiv Schwerin: Hofstaatsachen, Bestallungen: Kunstmaler. Akte „Portraitmaler" 1772–1804.

8 Wundemann, Johann Christian: Mecklenburg in Hinsicht auf Kultur, Kunst und Geschmack. Schwerin/Wismar 1803, S. 306 ff.

tigung eines gewöhnlichen Decorationsmalers, ekelt den Lehrling [Kersting] *bald an, er gewann die Ahnung eines höheren Talents, das ihn zu eigentlich künstlerischer Ausbildung drängte, und aus allen Kräften strebte er, sich freiere dieser Ausbildung günstigere Lebensverhältnisse zu schaffen.*“[9]

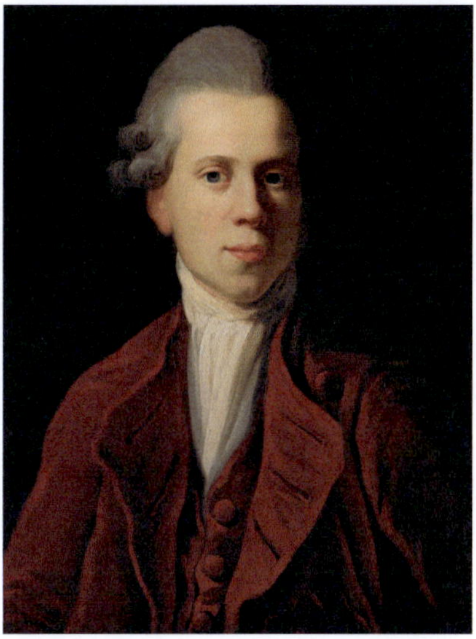

Abb. 4: Jens Juel (1745–1802): Nicolai Abraham Abildgaard (1743–1809), Öl auf Leinwand, o. J.

Im Herbst des Jahres 1804 konnte Georg Friedrich Kersting seine Studien an der Akademie der bildenden Künste in Kopenhagen beginnen.[10] Hier erhielt er eine systematische Ausbildung, die auf der Grundlage des Zeichnens von antiken Gipsabgüssen und schließlich nach dem Aktmodell aufgebaut wurde. Die Ausbildung sah auch eine Einführung in die Ölmalerei und das Studium der Gemälde der Lehrer und der Kopenhagener Schlossgalerie vor. Ergänzt wurde der Unterricht durch theoretische Fächer: Anatomie, Perspektive, Geometrie und Ornament. Vor Kersting besuchten schon Caspar David Friedrich von 1794 bis 1798 und Philipp Otto Runge von 1799 bis 1801 diese anerkannte Kunstakademie des Nordens.

Der für Kersting bedeutendste Lehrer war der berühmte Historienmaler Nicolai Abraham Abildgaard (1743–1809) (Abb. 4), der auch im Jahre 1808 das Abgangszeugnis für Kersting unterzeichnete. Kersting hatte sich durch sein Talent und seinen Fleiß empfohlen. Er erhielt in den Jahren 1806 und 1808 die kleine bzw. die große silberne Medaille. Mit großer Wahrscheinlichkeit fand er durch eine Empfehlung des Ratsapothekers Carl Wilhelm August Brun in Güstrow Eingang zu den Gesellschaftsabenden mit Philosophen, Dichtern und Künstlern, die bei der Dichterin Friederike Brun (1765–1835) in Kopenhagen stattfanden. Der Ratsapotheker Brun, der die Familie Kersting medizinisch betreute, wird mit ihr verwandt gewesen sein, denn im Jahre 1787 war Friederike Brun aus Kopenhagen Patin bei seiner Tochter Friederica Wilhelmina Amalia in Güstrow.[11]

Von Studienfreunden und weiteren gesellschaftlichen Kontakten Georg Friedrich Kerstings ist aus Mangel an Briefen aus dieser Zeit bisher nichts bekannt. Doch seine mutige Haltung während der Belagerung Kopenhagens durch die

9 Piper, Friedrich: Freimaurerische Gelegenheits-Reden. Güstrow 1837, S. 27 (Im Folgenden: Piper 1837).

10 Koch, Ira: Die Familie Georg Friedrich Kerstings in Güstrow. In: „Das Gesicht ist der edelste Sinn…“. Georg Friedrich Kersting – Zur Porträtkunst. Ausstellungskatalog Museum der Stadt Güstrow, Güstrow 1997, S. 32 (Im Folgenden: Koch 1997).

11 Landeskirchliche Archiv Schwerin, Register des Taufbuches der Pfarrkirche zu Güstrow, Jahr 1787.

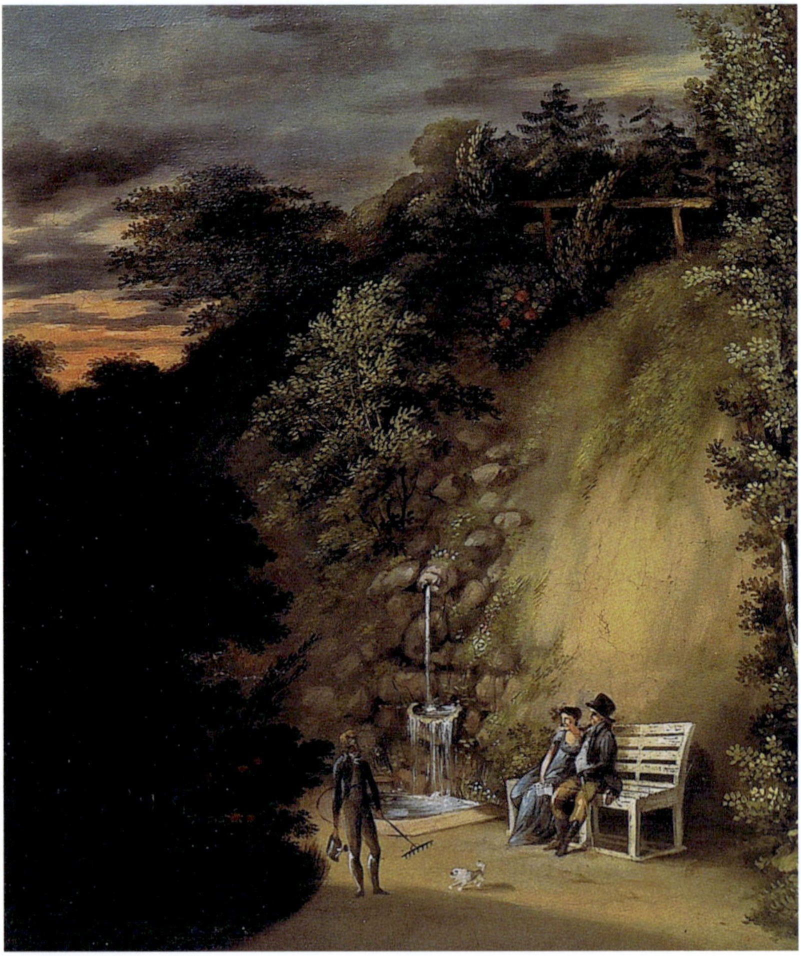

Abb. 5: Parklandschaft mit Quelle, 1808, Museum der Stadt Güstrow

Engländer im Jahre 1807 wurde gerühmt, da er die Stadt nicht verließ, sondern ihren Bürgern half, sie zu verteidigen.[12]

Obwohl von seinem künstlerischen Schaffen in Kopenhagen nur wenig überliefert ist, können die Pendantbilder „Wasserfall im Park von Frederiksberg" und „Parklandschaft mit Quelle" (Abb. 5) von Georg Friedrich Kersting aus dem Jahre 1808 als überzeugende Ergebnisse seines Studiums als Landschafts- und Historienmaler angesehen werden. Sie sind in der Zeichnung und besonders im Kolorit ausgezeichnet und in ihrer Komposition tief durchdacht.[13]

12 Gehrig, Oscar: Georg Friedrich Kersting, Rostock 1932, S. 16 (im Folgenden: Gehrig 1931/32).

13 Schnell, Werner: Georg Friedrich Kersting (1785–1847). Das malerische und zeichnerische Werk mit Œuvrekatalog, Berlin 1994, S. 221–226. Kat. Nr. A 13, A 14 (Im Folgenden: Schnell 1994). – Schnell, Werner: Kersting als Maler inszenierter Natur, seine Parklandschaften von 1808. In: Georg Friedrich Kersting, Parklandschaft mit Quelle, 1808, Güstrow 2004, S. 11–22 (= PATRIMONIA 297).

Die an der Kopenhagener Akademie wirkenden Lehrer hatten die Ideen der Aufklärung, die ein neues Gefühl für die Natur als Erlebnisraum des Menschen propagierte und dieses u.a. in der neuen Form des englischen Landschaftsgartens ausdrückte, auch in die Landschaftsmalerei übertragen. So stellte Kersting in seinem Gemälde „Parklandschaft mit Quelle" (Abb. 5) den modernen von 1792 bis 1802 gestalteten Park von Frederiksberg dar, in dem die Bürger sich in die Betrachtung der Natur vertiefen.[14]

Da Kerstings Zeugnis am 3. Februar 1808 ausgestellt wurde,[15] wird auch in diese Zeit seine Abreise aus Kopenhagen zu datieren sein.

In Güstrow stand es schlecht um seine Familie. Der Bruder Ludwig Gottfried Kersting machte zwar in diesem Jahr seine Meisterprüfung, damit er die Mutter wieder entlasten und das Handwerk übernehmen konnte, aber er war nicht in der Lage, die dazu erforderlichen Gebühren zu bezahlen. Seit dem Tode des älteren Sohnes, des Glasermeisters Jacob Gottfried Bage, im Jahre 1805 hatte Christina Ilsabe Kersting wieder die Verantwortung übernehmen müssen. Doch waren die Zeiten schlecht, jeder Bürger hielt sein Geld beisammen, erteilte nur in dringenden Fällen Aufträge an Handwerker oder bezahlte die Arbeit später oft nicht. Auch das Baugeschehen stagnierte.

Seit der Niederlage der preußischen Armee im Oktober 1806 zogen sowohl preußische als auch französische Truppen durch Mecklenburg und verwüsteten das Land. 1806 weilte beispielsweise General Murat einen Tag lang mit seiner Truppe in Güstrow – es wurde ein sehr teurer Tag, denn er kostete die Bürger 26.000 Taler. Im Jahre 1807 durchzogen insgesamt 7.478 Offiziere und 103.271 Soldaten mit 17.932 Pferden die Stadt Güstrow und mussten beköstigt werden.[16] Die mecklenburgische Wirtschaft wurde zudem durch die von Napoleon eingeführte Kontinentalsperre gegen England ruiniert: Schiffe durften nicht auslaufen, das Getreide konnte nicht ausgeführt werden, und alle Kolonialwaren mussten teuer aus Frankreich bezogen werden.

Im Jahre 1808 war Christina Ilsabe Kersting schwer erkrankt und starb am 5. Oktober 1808 im 67. Lebensjahr an der Auszehrung. Zu diesem Zeitpunkt war Kersting noch nicht in Güstrow eingetroffen.[17] Vermutlich war er von Kopenhagen aus zu jener Bildungsreise aufgebrochen, die er in seinem Bewerbungsschreiben erwähnte. Sie führte ihn wohl über Hamburg, Lübeck und Rostock nach Neubrandenburg, wo er wahrscheinlich mit Caspar David Friedrich zusammentraf. Friedrich hatte enge familiäre Beziehungen zu Neubrandenburg.[18] Seine Eltern stammten aus dieser Stadt, und hier lebte 1809 sein Bruder Johannes Samuel Friedrich, der Schmied geworden war. Im Jahre

---

14 Vogel, Gerd-Helge: Georg Friedrich Kersting und die Darstellung von Parklandschaften in Dänemark um 1800. In: Georg Friedrich Kersting, Parklandschaft mit Quelle, 1808, Güstrow 2004, S. 23-32 (= PATRIMONIA 297).

15 Das Zeugnis ist im Privatbesitz.

16 Blaschke (Kovalevski) 1978, S. 14.

17 Koch 1997, S. 37.

18 Unger, Eckhard: Untergang in Neubrandenburg. Deutung des Gemäldes von C. D. Friedrich. In: Carolinum – Blätter für Kultur und Heimat, 32 (1960). (Friedrich war 1798, 1801, 1806, 1809, 1818 und 1826 in Neubrandenburg).

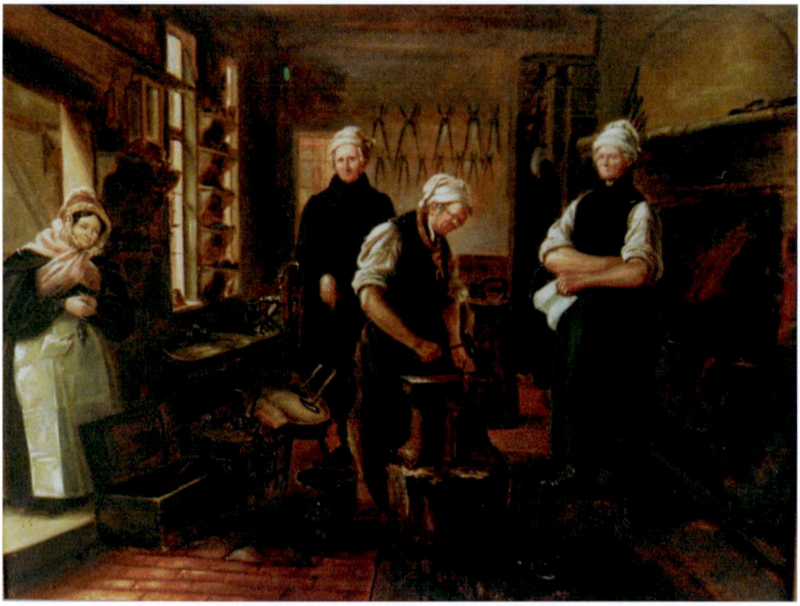

Abb. 6: Die Bechly`sche Schmiedewerkstatt, Kopie von M. Alterdinger nach G. F. Kerstings Gemälde von 1809, Privatbesitz

1809 war Caspar David Friedrichs Vater verstorben. Auf seiner Reise zu den Geschwistern nach Greifswald besuchte der Maler auch Neubrandenburg. Kersting seinerseits hatte vor, in die berühmte Kunstmetropole an der Elbe, nach Dresden, zu gehen. Über die Möglichkeit, dort zu leben und zu arbeiten, konnte ihm Caspar David Friedrich in Neubrandenburg Auskunft geben. Es ist sehr gut möglich, dass Kersting den Maler Friedrich in der Nagelschmiedewerkstatt der Familie Bechly traf. Mit dieser Familie war Friedrich eng verwandt, seine Mutter war eine geborene Bechly. Die vertraute Arbeitswelt eines Handwerkers bot dem jungen Künstler Kersting das rechte Sujet für ein Gemälde, das dem Stand, aus dem er kam und zu dem er selbst einst gehörte, ein Denkmal setzte („Die Bechly´sche Schmiedewerkstatt", Abb. 6). Kersting stellte es im Jahre 1809 in Kopenhagen vor.[19] Im Gegensatz zu den späteren Interieurbildern, in denen der Betrachter stiller Teilhaber der in ihre Tätigkeit vertieften Dargestellten wird, richten hier die Personen zum Teil den Blick auf den Betrachter, zum Teil auf die Arbeit des Schmiedes. Dieser bildet das Zentrum des Bildes, seine Konzentration richtet sich auf das Werkstück, welches seine geschickten Hände formen.

19 Schnell 1994, S. 299, A 15. – Das Gemälde war im Familienbesitz Bechly, Neubrandenburg, und verbrannte 1945. In Privatbesitz existiert eine Kopie, gemalt von M. Alterdinger, Anfang 20. Jh. – Ich danke Frau Viktoria Dilba herzlich für diese Auskunft. – Gärtner, Hannelore: Georg Friedrich Kersting, Leipzig 1988, S.26–28 (Im Folgenden: Gärtner 1988).

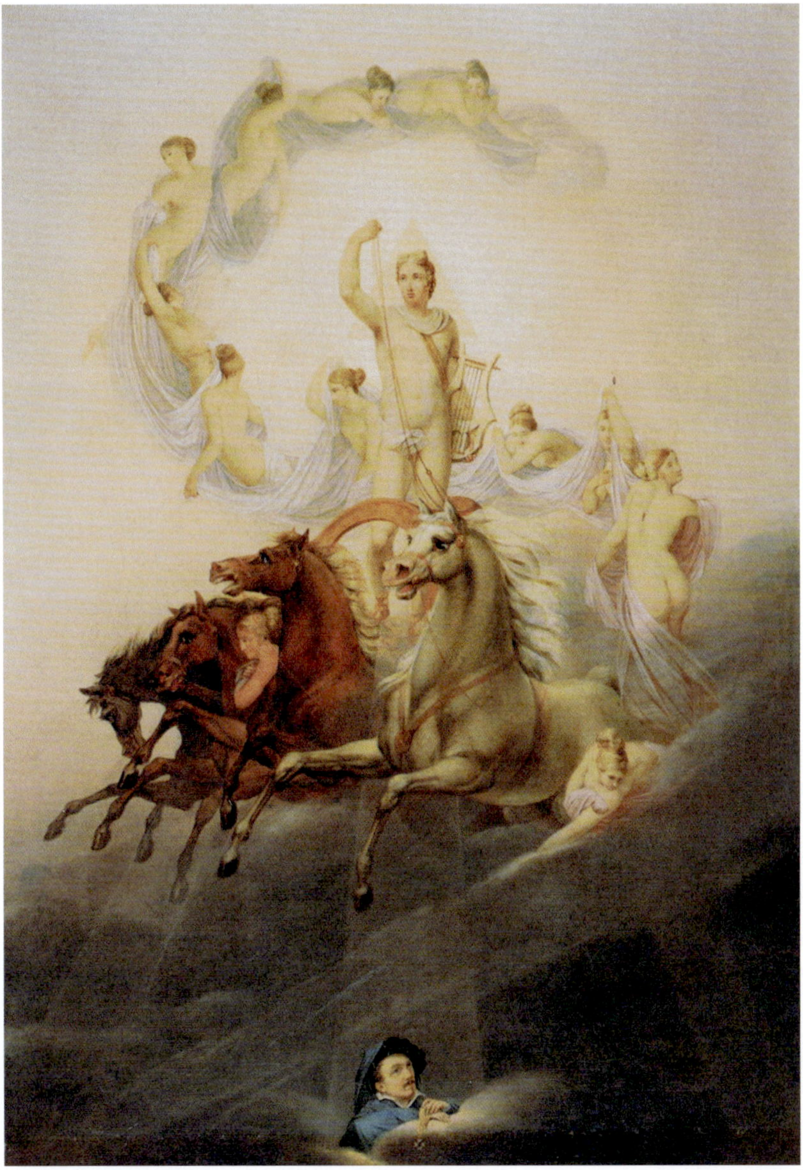

Abb. 7: Phoebus Apollo mit den Stunden und Selbstbildnis, 1822, Museum der Stadt Güstrow

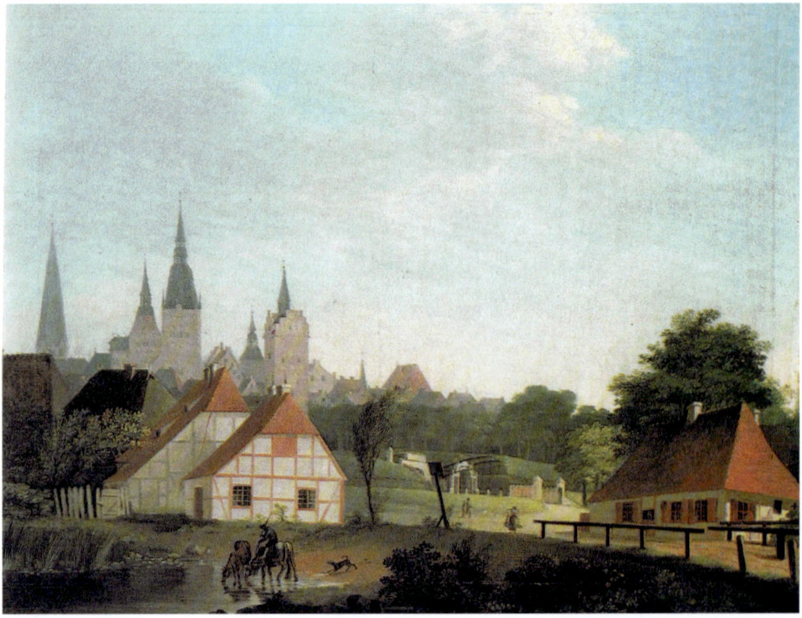

Abb. 8: Ansicht Rostocks vom Gertrudenplatz, 1809, Kulturhistorisches Museum Rostock

Im Jahre 1808 wird auch ein Besuch bei dem geliebten Onkel Hermann Köster, dem Bruder seiner Mutter, in Rostock genutzt, um eine Ansicht der Stadt vom Gertrudenplatz aus festzuhalten (Abb. 8). Hannelore Gärtner stellt dazu fest, dass Kersting hier erstmals die Durchlässigkeit der Farbe für den zu schaffenden Eindruck vom alles durchwebenden Licht anwendete, eine Methode, die er später zur großen Meisterschaft steigern konnte: „*Ein zartes Grau-Rosa der Bauten der Altstadt korrespondiert mit einem hohen, leuchtenden Himmel, über dessen hellem Blau feinste Dunstverschleierung herrscht und zarte Wolkenbildungen ziehen.*“[20]
Diese Beschreibung trifft auch auf das Gemälde „Ansicht Güstrows vom Heidberg aus“ zu, das als reines Landschaftsbild konzipiert ist und mit dem Blick auf den Schäfer mit seiner Herde und weiter über den See zur fernen Stadt schon romantische Züge enthält (Abb. 1). Die Einladung an den Betrachter, dies Schauen der Natur wie die zeichnenden Maler mit zu erleben und mit zu empfinden, wird durch die Darstellung des Wanderers unten am rechten Bildrand unterstützt. Der im Vordergrund auf dem Erdboden liegende junge Maler könnte ein Selbstbildnis Kerstings sein. Die Zuschreibung dieses Gemäldes als frühes Werk von Georg Friedrich Kersting stützt sich auch auf einen in der Meißener Porzellanmanufaktur produzierten Pfeifenkopf mit der Darstellung dieses Motivs, hier gesichert durch eine Widmung Kerstings.

20 Gärtner 1988, S. 30.

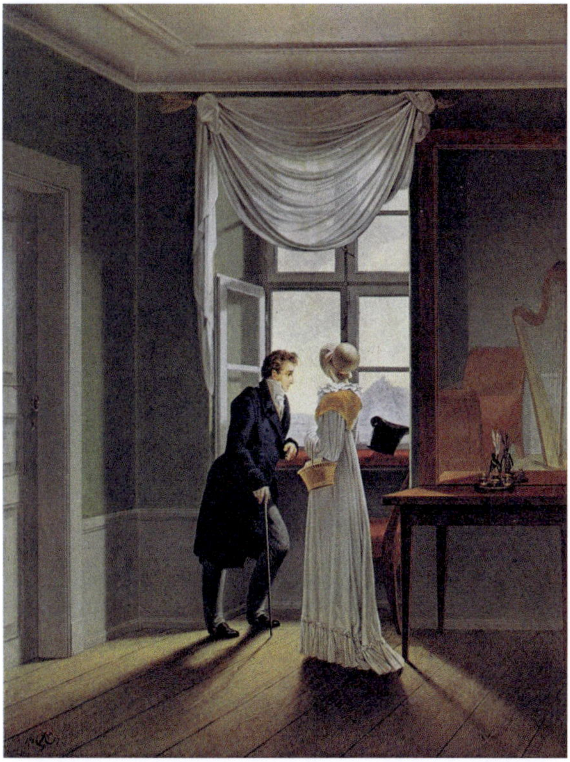

Abb. 9: Paar am Fenster, um 1817/18, Georg-Schäfer-Museum Schweinfurt

Das Jahr 1809 endete für Kersting mit der Aufnahme in die Freimaurerloge „Phöbus Apollo“ am 14. November 1809 in Güstrow.[21] Diese Bruderschaft hatte es sich zur Aufgabe gemacht, *„das Streben nach Licht, nach höheren Kenntnissen, reineren Ansichten über Gott und Natur, Mensch und Welt, Religion und Staat“*[22] zu verfolgen und in diesem Geiste zu wirken. Sein ganzes Leben hat Kersting in diesem Sinne gearbeitet. Nicht umsonst gilt sein künstlerisches Wollen der Darstellung des alles durchdringenden Lichts, das zur Wahrheit der Beziehungen und Dinge führt. Im Jahre 1822 wird er seiner Loge mit dem allegorischen Gemälde „Phöbus Apollo“ ein ehrendes Geschenk machen (Abb. 7).
In der Literatur wird häufig Kerstings Ankunft in Dresden für das Jahr 1808 angenommen. Da Kersting aber noch im Jahre 1810 den Meistergrad in der Güstrower Loge erlangte, was nur durch persönliche Anwesenheit möglich war, und in den Jahren 1808 und 1809 Gemälde mit norddeutschen Motiven entstanden, die ihm wohl auch erst die Mittel zur Reise in die Hand gaben, kann er nicht vor 1810 aus Mecklenburg nach Dresden gereist sein.

21 Pocher, Dieter: Phöbus Apollo – eine freimaurerische Bildkomposition. In: „Das Gesicht ist der edelste Sinn…“ – Georg Friedrich Kersting – Zur Porträtkunst. Ausstellungskatalog Museum der Stadt Güstrow, Güstrow 1997, S. 30.

22 Piper 1837, 3. Rede, 1823.

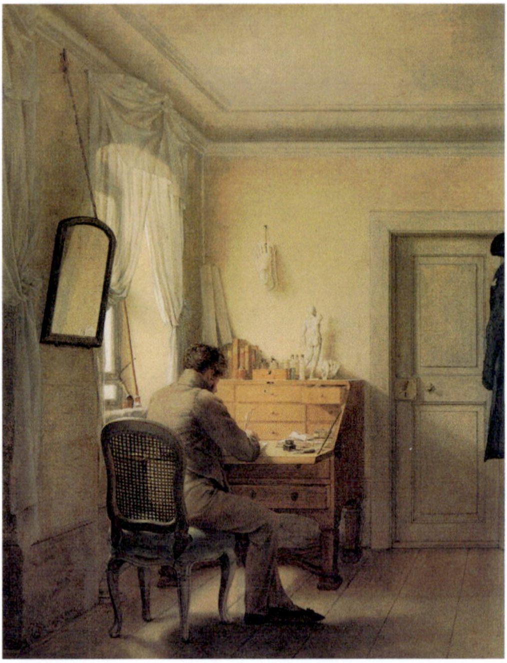

Abb: 10 a: Mann am Sekretär (Kügelgen am Schreibtisch), 1811, Klassik Stiftung Weimar, Kunstsammlungen

Dresdner Jahre

Der eindeutige Beleg für die Anwesenheit Kerstings in Dresden ist seine Eintragung in der Liste der studierenden Künstler an der Kunstakademie Dresden am 13. August 1810 für die Fächer Porträt- und Historienmalerei, ohne Angabe eines bestimmten Lehrers.[23]

Die Dresdner Zeit von 1810 bis 1813 wurde für Kersting trotz schlechter finanzieller Verhältnisse zur glücklichen Schaffens- und Bewährungsprobe als junger Künstler. Die meisterliche Ausführung seiner originären Idee, bekannte Menschen in ihrem Lebensraum darzustellen, der in Komposition, Farb- und Lichtführung eine zusätzliche, komplexe Interpretation erlaubt, sicherte ihm die Anerkennung der Künstler und Kunstfreunde (Abb. 9 und 10).[24] Ausführliche Sachdaten, Interpretationen und Analysen zu den Werken von Georg Friedrich Kersting sind in dem Buch von Werner Schnell „Georg Friedrich Kersting – Das zeichnerische und malerische Werk" von 1994 zu finden.[25]

23 Sächsisches Hauptstaatsarchiv Dresden, Kunstakademie Nr. 112a, Verzeichnis der studierenden Künstler 1778 bis 1848, S. 19.

24 Schnell, Werner: Die Interieurbilder. In: Schnell 1994, S. 19-171.

25 Schnell, Werner: Georg Friedrich Kersting. Das zeichnerische und malerische Werk. Berlin 1994. Folgend zitiert: Schnell 1994.

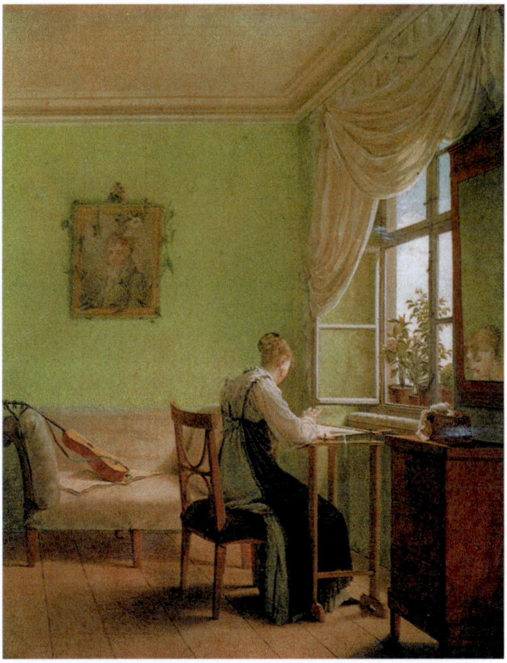

Abb. 10: Die Stickerin, 1812, Klassik Stiftung Weimar, Kunstsammlungen

Wie eng die freundschaftliche Verbindung zu Caspar David Friedrich war, lässt sich auch anhand der drei Fassungen des Porträts „Caspar David Friedrich in seinem Atelier" erahnen, in denen er das Wesen des Freundes bei seiner künstlerischen Arbeit erfasste. So zum Beispiel in der Fassung von 1819, in der Kersting den Freund vor der Staffelei stehend in der geistigen Auseinandersetzung mit seiner Bildschöpfung vorstellt (Abb. 29 b, Seite 41). Kersting war kein Schüler von Caspar David Friedrich, wie manchmal behauptet wird. Jeder hatte sein Fach, in welchem er Meister wurde: Friedrich in der Landschaftsmalerei und Kersting in der Historien- und Porträtmalerei. In dem geistigen Ringen um eine neue Kunst, in der Naturwahrheit und Empfindung Ausdruck fanden, waren sie verbunden.

Kersting fand Eingang in den Kreis der Dresdner Kunstfreunde, die sich besonders bei dem Historien- und Porträtmaler Gerhard von Kügelgen (1772–1820) trafen und dort sowohl künstlerische als auch philosophische und politische Probleme diskutierten. Es einte die Versammelten der Wunsch, an einer neuen deutschen Kunst mitzuwirken, die Ideen der literarischen Romantik aufzugreifen und für die bildende Kunst nutzbar zu machen. Kersting befand sich sozusagen an der vordersten Front der künstlerischen Bewegung der Romantik, zu deren Klärung seine Interieurbilder wesentlich beitrugen.

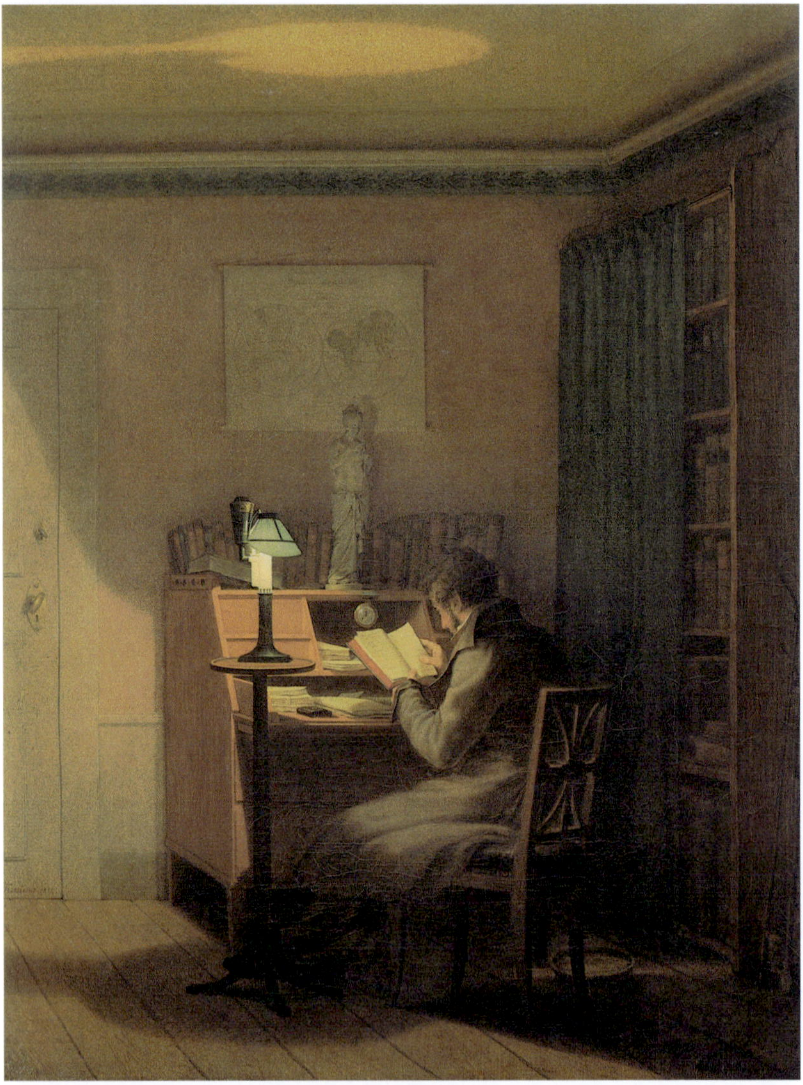

Abb. 11: Der elegante Leser, 1812, Klassik Stiftung Weimar, Kunstsammlungen

Kügelgens Schülerin war von 1811 bis 1815 Louise Seidler (1785–1866); sie gehörte also ebenfalls zu diesem Künstlerkreis und vermittelte für Kersting Kontakte zu Goethe.[26] Von ihr gibt es eine anschauliche Schilderung von Kerstings Lebenssituation in Dresden:

26 Kovalevski, Bärbel: Louise Seidler - Goethes geschätzte Malerin 1785-1866. Berlin 2007, S. 37 ff. (im Folgenden: Kovalevski 2007).

„Kersting war ein überaus drolliger, guter Mensch. Morgens besorgte er seine Wirtschaft, das heißt: er kehrte seine Stube und Kammer aus, spaltete bei kalten Tagen Holz zum Einheizen, holte Lohballen vom Torfboden usw. Dann kam seine alte Aufwärterin, hinsichtlich deren Kersting kein größeres Vergnügen kannte, als: sie vor seine Entwürfe oder vollendete Bilder zu führen, wo sie dann immer angeben mußte, was dieselben vorstellten, und natürlich den größten Unsinn zu Tage förderte.“[27]

Um dem armen Kollegen die Kosten für ein Modell zu ersparen, saß Louise Seidler dann geduldig Modell für sein Bild „Die Stickerin“ (Abb. 10). In diesem Innenraum-Porträt ist die „Stickerin“ eingetaucht in das Licht, welches durch die weit geöffneten Fenster hereinströmt und die an einer komplizierten Stickerei konzentriert arbeitende Frau von vorn umspielt. Es beleuchtet auch das Sofa und die darauf liegende Gitarre, die einerseits auf musikalische Ambitionen der Dargestellten verweist und andererseits als Metapher für den weiblichen Körper unter dem bekränzten Bild eines Mannes ruht, vermutlich dem Porträt von Louise Seidlers verstorbenem Bräutigam. Die Pflanzen am Fenster bilden einerseits einen Schutzwall gegen äußere Einflüsse und andererseits können sie als Barriere gegen eine erstrebte Aktivität der Frau in der Außenwelt verstanden werden. Zugleich sind sie Sinnbild zur Lebenssituation der Stickerin. Denn zwischen dem Spiegelbild der Frau am rechten Bildrand und dem Männerporträt folgen aufeinander die Zwerggranate als Symbol der Vitalität, die Rose für erwachende Liebe, die Myrthe für ein Hoffen auf Hochzeit und die Hortensie für die Entsagung.[28]

Als Maler hatte Kersting in diesen Jahren unangefochten sein Können bewiesen; eine glückliche Laufbahn schien sich abzuzeichnen. Über die Malerin Louise Seidler waren zwei Bilder von ihm, „Die Stickerin“ und „Der elegante Leser“ (Abb. 11), zu Goethe nach Weimar gekommen, der sich persönlich für deren Ankauf einsetzte. Zu den beruflichen Erfolgen, künstlerischen Anregungen und vielseitigen gesellschaftlichen Kontakten kam für Georg Friedrich Kersting noch die Bekanntschaft mit einem jungen Mädchen, welches er erst nach vielen Jahren als Gattin heimführen konnte. Im Hause des Oberpostmeisters Sergel lernte er – wohl beim Malen der Porträts des Ehepaares Sergel – die Tochter des Hauses, Agnes, kennen. Die so erfreuliche Entwicklung im künstlerischen und persönlichen Leben Kerstings wurde jäh durch die politischen Ereignisse unterbrochen, deren Ausgang den Künstler Kersting auf ganz eigene Weise herausfordern sollte. Als Kersting in die Porzellanmanufaktur Meißen eintrat, wurde hier an einem bedeutenden Großauftrag des sächsischen Königs gearbeitet: ein umfangreiches Porzellanservice aus 134 Teilen als Geschenk für den Sieger der Schlacht bei Waterloo, für Arthur Wellington, das außerdem im Wettbewerb mit den Porzellan-Service der Manufakturen in Wien (1820, aus 195 Teilen) und Berlin (1819, aus 470 Teilen) für den Herzog stand. Das Meißner Service wurde wegen seiner ausgezeichneten Malerei besonders gelobt (Abb. 22).

---

27 Erinnerungen der Malerin Louise Seidler. Hrsg. von Hermann Uhde, Berlin 1922, S. 44.

28 Kovalevski 2007, S. 61.

Kersting im Befreiungskrieg 1813/1814

Nach der Niederlage der französischen Armee 1812 in Russland entwickelte sich der Widerstand gegen die französische Besatzung in Deutschland zu einer umfassenden Befreiungsbewegung. Auch in Dresden wurde trotz des engen Bündnisses Sachsens mit Napoleon der patriotischen Sache große Sympathie entgegengebracht. Als dann im Jahre 1813 nach dem preußischen Aufruf zur Bildung einer Freiwilligen Schar in Dresden ein Aufnahmebüro der Lützower Jäger eingerichtet wurde, kamen viele junge Menschen zur schwarz-roten Fahne. Diese Seidenfahne des Korps befand sich im Quartier des bekannten Friedrich Ludwig Jahn (1778–1852), der seit Anfang April 1813 in Dresden weilte und Kompanieführer im Lützower Korps war. Zur gleichen Zeit waren auch der Staatsmann Freiherr Heinrich Friedrich Karl von und zum Stein (1757–1831) und Ernst Moritz Arndt (1769–1860) in Dresden. Treffpunkt aller Patrioten war das Haus der Familie Körner.[29] Der immer aktive und die patriotische Bewegung von ganzem Herzen unterstützende Georg Friedrich Kersting rüstete sich mit Hilfe von Freunden wie Gerhard von Kügelgen und Caspar David Friedrich aus und trat als Fußjäger in das Lützower Korps ein, das bereits am 11. April 1813 von Dresden nach Leipzig zog.

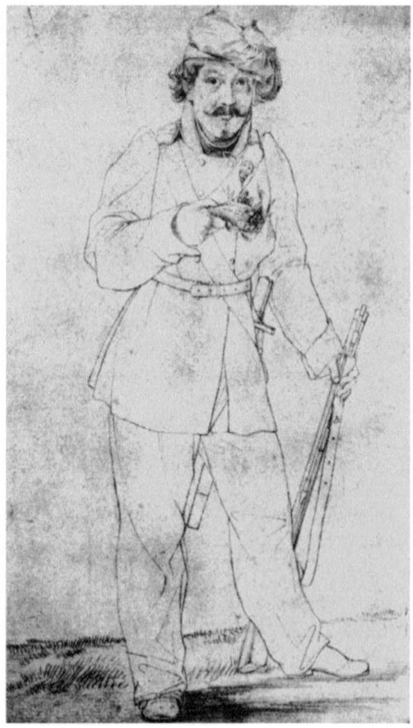

Abb. 12: Kersting als Lützower Jäger, Selbstbildnis, 1813

Dieser Entschluss dürfte nicht leicht gefallen sein, verließ er doch Dresden und seine Freunde in einem Moment großer Erfolge als Künstler. Als Freimaurer hatte sich Kersting jedoch verpflichtet, mit seiner ganzen Persönlichkeit für die Wahrheit und Freiheit des Menschen einzutreten. Diese Auffassung teilten viele bedeutende Männer in Deutschland, die als Freimaurer bekannt waren und denen der Künstler folgte.[30]
Über den Geist des Korps führt ein ehemaliger Jäger Folgendes aus:
„In dem Lützowschen Korps sollte jeder eine Stätte finden, wo er diesem Gedanken – der deutschen Einheit – leben könnte, hier sollte er sich bewußt werden, ein Deutscher zu sein. […] *Dies gab dem Korps seinen eigenthümlichen Charakter, seine hohe Bedeutung. Hier sollte die Einheit Wirklichkeit sein, jeder Deutsche wurde aufgenommen.*“[31]

---

29 Förster, Friedrich: Neuere und neueste preußische Geschichte. Bd. 3. Berlin 1856, S. 253.

30 Dazu gehörten: Gebhard L. v. Blücher, Johann G. Fichte, Heinrich Frhr. v. u. z. Stein, Gerhard J. D. v. Scharnhorst, Christian G. Körner. In: Haarhaus, Julius R., Deutsche Freimaurer zur Zeit der Befreiungskriege. Jena 1913.

31 Eiseln, J. F. G.: Geschichte des Lützowschen Freikorps. Halle 1841, S. 8-10.

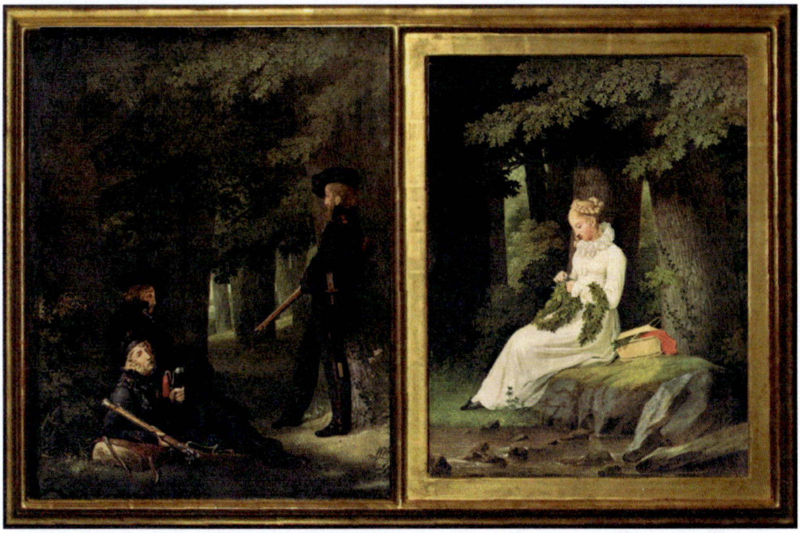

Abb. 13 a: Auf Vorposten, 1815 und Abb. 13 b: Die Kranzwinderin, 1815; Gedenktafel, 1815, Staatliche Museen zu Berlin, Nationalgalerie

In der Kompanie des kombinierten Bataillons unter Premier-Leutnant Staak dienten unter anderen: der Dichter Theodor Körner (1791–1813); der Historiker Friedrich Förster (1791–1868); der Mitbegründer der deutschen Turnbewegung in Berlin Karl Friedrich Friesen (1784–1814); Georg Friedrich Kersting und Eleonore Prohaska (1785–1813) unter dem Namen Jäger Renz. In der Kriegsgeschichte des Korps ist das Gefecht am 16. September 1813 an der Göhrde von herausragender Bedeutung. In diesem Gefecht zeichnete sich Kersting durch besondere Tapferkeit aus, in dem er mit dem Gefreiten Bachmann trotz des Kugelhagels eine feindliche Haubitze auf dem Hügel eroberte. Hierfür erhielt er das Eiserne Kreuz und den russischen St. Georgs-Orden und wurde zum Offizier befördert.[32] Zu den Opfern dieses Gefechtes aber gehörten Eleonore Prohaska, die tödlich getroffen wurde, und Heinrich Hartmann, ein neunzehnjähriger Student der Universität Heidelberg.

Die Erlebnisse während des Feldzuges, der mit dem Einmarsch in Paris endete, verarbeitete Kersting in zahlreichen Skizzen, die er zu symbolträchtigen Gemälden verdichtete. Sie sind dem Andenken der patriotischen Idee des Freiheitskrieges und der sie verfechtenden deutschen Jugend gewidmet. Im Jahre 1815 stellte der nach Dresden zurückgekehrte Kersting die Pendantbilder „Auf Vorposten“ und „Die Kranzwinderin“ auf der Kunstausstellung vor (Abb 13 a und 13 b).

Seinen im Kampf getöteten Freunden Theodor Körner, Friedrich Friesen und Heinrich Hartmann setzte Kersting im „Vorposten“ stellvertretend für viele andere Gefallene ein Denkmal. Im Besitz ihrer vollen Kräfte, wachend und versunken in Gedanken zugleich, stehen die jungen Männer an einer Wald-

32 Jagwitz, Fritz von: Geschichte des Lützower Freikorps. Berlin 1892, S. 170.

lichtung. Kräftige Eichen, symbolische Bedeutungsträger der Treue und Beständigkeit, scheinen sie zu stützen, und durch die Stämme schimmert das Licht der Freiheit und der Zukunft.

In dem Pendantbild ist in der lichten Gestalt der „Kranzwinderin" der Gedanke an die Pflicht zur Erinnerung an die Gefallenen, an die Opfer des Freiheitskrieges, personifiziert. Auch die „Kranzwinderin" ist nicht nur eine Allegorie der zeitlosen Trauer und des Gedenkens:[33] Wenn Kersting für das Bild „Auf Vorposten" drei historisch fassbare Männer zum Vorbild dienten, die auf diese Weise zum Symbol für die patriotische Bewegung des Befreiungskrieges werden konnten, so ist auch in der Frauengestalt eine reale Persönlichkeit als Vorbild anzunehmen. Unter den Frauen, die mit ideologischen, militärischen, praktischen und aufopferungsvollen Taten diese Bewegung einst vorbereiteten, unterstützten und mit durchführten, gibt es eine heute fast vergessene Frau, die von den Zeitgenossen als „Genius der Freiheit" bezeichnet wurde. Gleich den anderen Helden des Krieges wurde ihr das Eiserne Kreuz vom preußischen König Friedrich Wilhelm III. verliehen. Diese Frau war Elisa von Ahlefeldt, die Gattin des Befehlshabers des Freikorps, des Majors von Lützow.

In Berlin gehörte das Ehepaar mit Gneisenau, Scharnhorst, Jahn und Friesen zu den führenden Köpfen bei der Vorbereitung des Befreiungskrieges. In Breslau übernahm Frau von Ahlefeldt die Aufgaben der Anwerbung, Einschreibung und Ausstattung der Lützower. Sie begleitete das Freikorps auf dem gesamten Feldzug und verstand es dabei, neben hervorragender organisatorischer Arbeit, die Moral der Truppe in schwierigen Situationen zu stärken. Diese Frau erschien den Männern als Inkarnation des weiblichen Ideals der Romantik:

„*Sie war von mittlerer Grösse, von zarter anmutiger Gestalt, die schönste Fülle blonder Locken umkränzte ihren schneeweißen Teint, aus den grossen sanften himmelblauen Augen sprachen Güte, Geist und Liebreiz […] sie tanzte wie eine Sylphe und ritt mit ebensoviel Kühnheit wie Grazie.*"[34]

Kersting kannte durch seine Nähe zu dem Adjutanten des Majors von Lützow, Theodor Körner, ganz gewiss diese außergewöhnliche Frau. Meines Erachtens ist Elisa von Ahlefeldt das konkrete Vorbild des Bildes „Die Kranzwinderin".[35] In einer Zeit sich sammelnder restaurativer Kräfte um 1814/1815 wies Kersting der „Kranzwinderin" die Aufgabe zu, die Ideale des nationalen Befreiungskampfes durch Erinnern wach zu halten und weiterzugeben. Elisa von Ahlefeldt erfüllte auch diese Hoffnung. Sie empfing in den Zeiten der Demokraten-Verfolgung und der Restauration die ehemaligen Mitglieder des Freikorps in Berlin und hielt die Hoffnung auf die Zeit der Wahrheit aufrecht.[36]

---

33 Schnell 1994, S. 198 ff.

34 Assing, Ludmilla. Gräfin Elisa von Ahlefeld. Berlin 1857 (Im Folgenden; Assing 1857).

35 Kovalevski, Bärbel: Vergessen und unbekannt – Die Beziehungen der Malerin Julie von Egloffstein zu Georg Friedrich Kersting. In: Vorträge zur Kersting-Ehrung. Museum der Stadt Güstrow, Güstrow 1997, S. 48-49 (im Folgenden; Kovalevski 1997).

36 Assing 1857. – Otto, Louise: Einflußreiche Frauen aus dem Volke: Elise von Ahlefeld. In: Privatgeschichten der Weltgeschichte, Leipzig 1869.

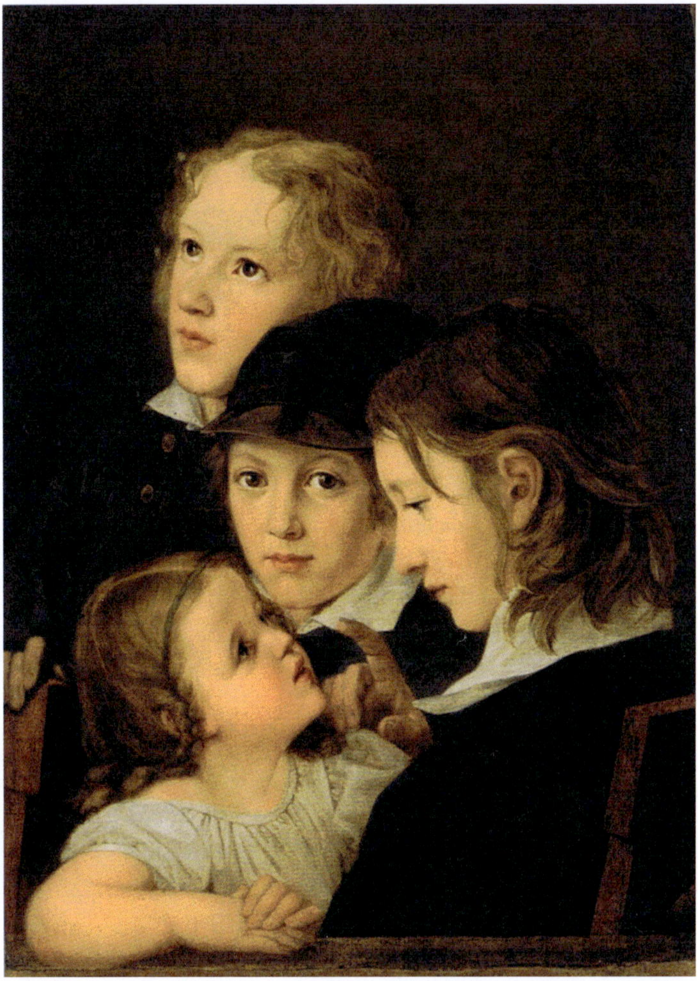

Abb. 14: Die Kinder Kersting (Ernst, Richard, Hermann, Anna), um 1832, Nachlass Kersting, Privatbesitz

Die beiden Bilder „Auf Vorposten“ und die „Kranzwinderin“ sind in einem festlich vergoldeten Rahmen wie ein mittelalterliches Andachtsbild vereint. Dieses dient seit dem Mittelalter der öffentlichen wie privaten Andacht, zeigt Ausschnitte aus dem Marien- und Christusleben, die an das Gefühl des Betrachters appellieren und damit zur Nachfolge aufrufen. Das kleine christliche Andachtsbild war bis ins 19. Jahrhundert weit verbreitet. Es konnte also von Kersting im übertragenen Sinne für seine Idee – die Schaffung eines Andachts- und Gedenkbildes, das der Opferbereitschaft des Volkes im Befreiungskrieg gewidmet ist – genutzt werden.

Von Dresden nach Warschau

Die politische und wirtschaftliche Situation im Königreich Sachsen war infolge seines Bündnisses mit Frankreich nach der Niederlage Napoleons völlig unsicher. An ein kaufkräftiges Publikum für Kunst war vorerst nicht zu denken. Der mittellose Kersting musste es als Glück ansehen, dass ihm eine Stellung als Zeichenlehrer bei der Fürstin Sapieha in Warschau angeboten wurde. Damit endete – der Not gehorchend – sein freies Schaffen als Künstler, und er begab sich in ein Abhängigkeitsverhältnis. Caspar David Friedrich war es, der Louise Seidler die Abreise Kerstings am 8. Mai 1815 nach Warschau mitteilte.[37]

Die Fürstin Anna Sapieha war die Tochter des Krongroßkanzlers Andrzej Zamoyski. Sie lebte seit ihrer Hochzeit mit Fürst Alexander Sapieha in den Jahren von 1794 bis 1809 in Paris. Während ihr Gatte als Anhänger Napoleons hohe Ehren und Ämter erhielt, sammelte die gebildete Fürstin die antinapoleonische Partei Polens in Paris um sich. Von ihrem Gatten trennte sie sich im Jahre 1808 und lebte seitdem, befasst mit der Erziehung ihrer Kinder Anna (Abb. 18) und Leon Sapieha (Abb. 17), in ihrem Warschauer Palast oder auf dem Gut Radzyn.[38]

In Warschau erhielt Kersting nicht nur Anerkennung als Zeichenlehrer, sondern auch als Maler von Porträt- und Genrebildern. Gegenüber dem sächsischen Legationsrat Reyer lobten die Fürstin Sapieha und der Graf Zamoyski

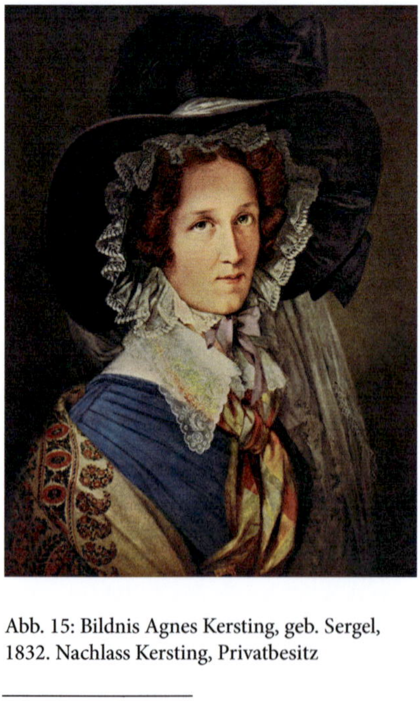

Abb. 15: Bildnis Agnes Kersting, geb. Sergel, 1832. Nachlass Kersting, Privatbesitz

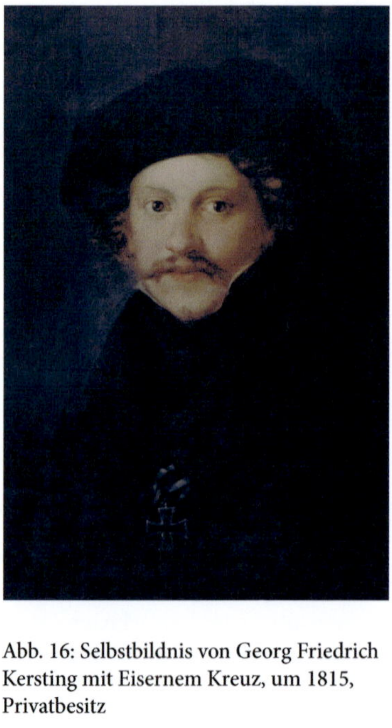

Abb. 16: Selbstbildnis von Georg Friedrich Kersting mit Eisernem Kreuz, um 1815, Privatbesitz

37 Brief von C. D. Friedrich an L. Seidler am 9.5.1815. In: Hinz, Sigrid: C. D. Friedrich in Briefen und Bekenntnissen. Berlin 1974, S. 27.

38 Gehrig 1931/1932, S.16.

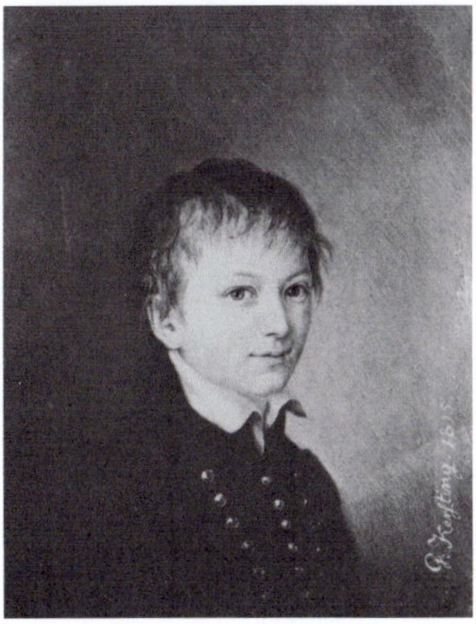

Abb. 17: Bildnis Leon Sapieha, um 1815 (verschollen)

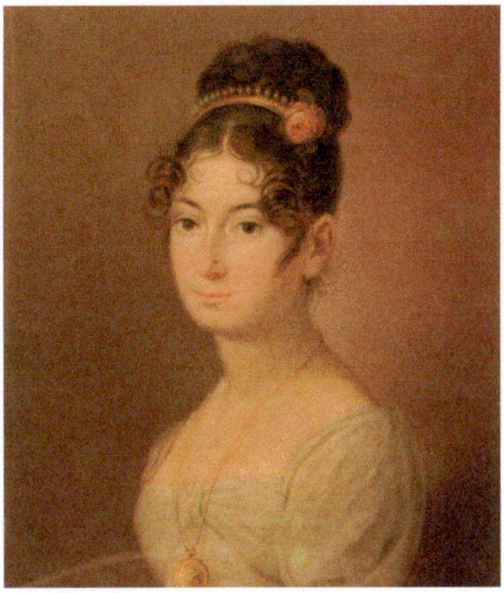

Abb. 18: Bildnis von Anna Sapieha, um 1815/16, Muzeum Narodowe, Warschau

dessen Bilder und seinen guten Ruf. Reyer berichtete darauf aus Warschau dem sächsischen König, der Kerstings Anstellungsgesuch prüfen wollte, über dessen Lebens- und Arbeitsweise:

„Vor einigen Tagen habe des hiesigen Mahlers Herrn Kerstings Werkstatt in der Wohnung der Fürstin Sapieha besucht, und Gelegenheit gehabt, mehrere sehr gelungene Gemählde desselben zu besehen. Meinem Dafürhalten nach scheint dieser Künstler mit gutem Geschmack eine reiche Phantasie zu vereinigen.“[39]

Von den Gemälden Kerstings für polnische Adelshäuser ist bisher nur wenig bekannt geworden. Ein Porträt der Fürstin Sapieha ist im Kersting-Nachlass erhalten. Nach den Hinweisen auf das kleine Format, in dem er seine Bilder malte, war das schöne Miniaturporträt seiner Zeichenschülerin Anna Sapieha im Warschauer Nationalmuseum gefunden worden (Abb. 18).[40] Von dem Bildnis des Bruders Leon aus der ehemaligen Sammlung Goluchów gibt es ein Foto (Abb. 17). Von seinen Skizzen aus der Warschauer Zeit befindet sich ein Blatt mit einem Genre-Motiv in der Sammlung des Nationalmuseums Wrocław. Kersting wandte sich darin, wie schon in der norddeutschen Heimat, dem Leben auf dem Lande zu (Abb. 19).

Doch fand der Maler in Warschau keine Ruhe. Er sehnte sich sehr bald nach Dresden zu seinem Freundeskreis und seiner jungen Braut zurück und bewarb sich 1816 mit Unterstützung von ausgezeichneten Empfehlungen von Freunden wie von Kügelgen, Matthäi, Seydelmann, Hartmann und Rösler um die Stelle des verstorbenen Zeichenlehrers Hahn an der Dresdner Akademie. [41]Aber diese

39 Sächsisches Hauptstaatsarchiv Dresden. Loc. 3597, Minister. Correspondenz mit dem Legationsrath Reyer zu Warschau, 1818/19, Vol. III, Bl. 27 b; 37, März 1818.

40 Kovalevski, Bärbel: Von unbekannten und verschollenen Bildern Georg Friedrich Kerstings, in: Bildende Kunst 6 (1984).

41 Sächsisches Hauptstaatsarchiv Dresden. Loc. 2379. Acta, die Errichtung einer Bauschule betreffend, S. 134, 141.

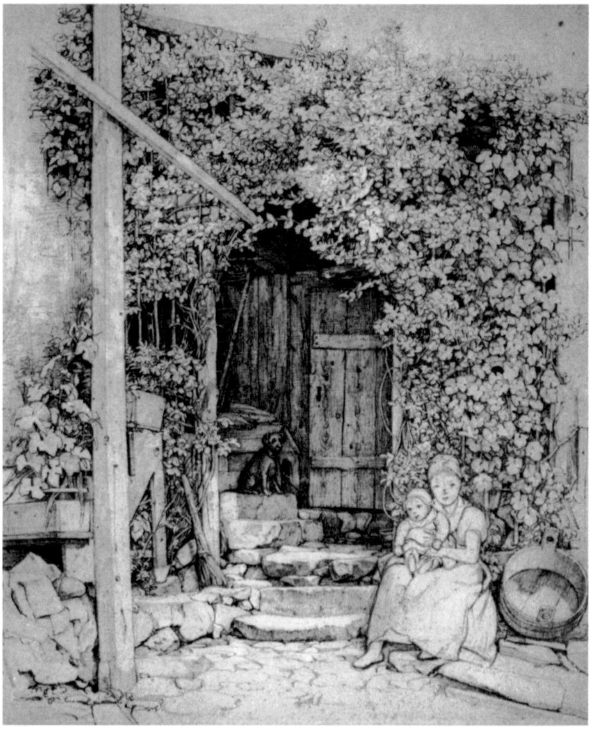

Abb. 19: Mutter mit Kind vor Bauernhaus, um 1816, Museum Narodowe, Wroclaw

Stelle erhielt Kersting nicht. Als jedoch in der Porzellanmanufaktur Meißen ein fähiger Künstler als Malervorsteher gesucht wurde, bot der sächsische Hof Georg Friedrich Kersting diese Stelle an, nachdem der am 18. Februar 1818 angeforderte Bericht des Warschauer Gesandten, Legationsrat Reyer, über *Kunstfertigkeit, sittliche Lebensführung und Ursache der Verleihung des Eisernen Kreuzes* für ihn günstig ausgefallen war.[42]

Der Gewinn jener Jahre in Warschau lag für Kersting in der Erweiterung seiner Lebenserfahrung, in der Kenntnis vom Leben an einem fürstlichen Hof und in der Möglichkeit, die hier gesammelten Kunstschätze zu studieren. Die Arbeit im Kleinformat, der Miniatur, hat er vermutlich schon seit der Kopenhagener Zeit gepflegt, denn Bildnisse und Gemälde in Medaillons, auf Dosen, Uhrdeckel oder Einsatzstücken an Möbeln waren sehr beliebt.[43] Auch in Dresden übten um 1810 verschiedene anerkannte Künstler wie Anton Graff und Dora Stock, die Tante Theodor Körners, die Miniaturmalerei aus.[44]

42 Sächsisches Hauptstaatsarchiv Dresden. Loc. 3597, Vol. III, Bl. 17.

43 Lemberger, Ernst: Die Bildnisminiatur in Deutschland von 1550-1850. München 1910, S. 209 (Im Folgenden: Lemberger 1910). – Derselbe: Die Bildnisminiatur in Skandinavien. Bd. I, Dänemark/Norwegen. Berlin 1912, S. 157.

44 Lemberger 1910, S. 119 f.

Als Malervorsteher in Meißen

Die Kenntnis der feinen Malweise der Miniatur war eine wichtige Voraussetzung und Grundlage für die künftigen umfangreichen Aufgaben Georg Friedrich Kerstings als Malervorsteher an der Porzellanmanufaktur in Meißen. Es war allerdings vorauszusehen, dass diese finanzielle Lebenssicherung entscheidend sein künstlerisches Schaffen beeinträchtigen und beeinflussen würde. Aber ohne eine Anstellung konnte ein Künstler in dieser armen Nachkriegszeit keine Familie begründen, und der dreiunddreißigjährige Georg Friedrich Kersting hatte nicht vor, sein ganzes Leben allein zu verbringen. Auch Caspar David Friedrich hatte erst im Jahre 1816 als Mitglied der Dresdner Akademie ein bescheidenes gesichertes Einkommen, welches ihm die Heirat mit Caroline Bommer im Januar des Jahres 1818 ermöglichte.

Am 1. April 1818 unterzeichnete Anna Fürstin Sapieha ihr Zeugnis für Kersting: *„Endes Unterzeichnete bezeuge hiermitt daß Herr George Kersting Ritter des Eisernen Kreuzes, zwei Jahre in meinem Hause zugebracht hat, während welcher Zeit derselbige meinen Kindern Anna und Leon Sapiehas Unterricht im Zeichnen und Mahlen ertheilte. Zahlreiche und schätzbare Werke womit Herr G. Kersting mehrere Häuser in Warschau bereicherte, erwarben Ihm hieselbst allgemeines Lob und Achtung.* […] *Ohne des Thätigen Fleißes und der Pünktlichkeit zu erwähnen, womitt Herr Kersting seine Pflichten in meinem Hause erfüllte, gewann er durch seyn freundschaftliches Betragen die Liebe aller die Ihn kannten, und hinterließ in Pohlen das Andenken eines braven, rechtschaffenen, frey- und charaktervoll handelnden Mannes.*[…] – *Gegeben auf meinem Gute zu Radzyn im Königreich Pohlen.*“[45]

Am 1. Juli 1818 begann Kersting seine Tätigkeit in Meißen. Außer den umfangreichen Akten in der Porzellanmanufaktur, die Tätigkeitsmerkmale, Arbeitsberichte und vieles andere aus dieser Zeit enthalten,[46] sind für die erste Zeit des neuen Lebensabschnittes des Künstlers die Briefe an die siebzehnjährige Braut Agnes Sergel in Dresden besonders aufschlussreich.[47]

So berichtete er Agnes am 3. September 1818, dass ihm die wichtige Aufgabe, die Vergoldung der Porzellane zu verbessern und dadurch preiswerter zu machen, gut voran gehe und er heiteren Gemütes sei. Er bat sie, mit ihrem Vater, mit Tante Julchen, die nach dem Tode der Mutter wohl deren Stelle bei Agnes vertrat, und mit Caspar David Friedrich nach Meißen zu kommen, auf seine Kosten einen hübschen Wagen mit mutigen Pferden zu mieten und geradewegs auf das Schloss zum Richterschen Hause neben dem Domkeller fahren: *„O Gott wie freue ich mich auch den Friedrich wieder zu sehen und zu sprechen.“*

Die junge Braut fuhr am 6. September 1818 zum ersten Mal nach Meißen und konnte die Wirkungsstätte ihres zukünftigen Mannes und die vorgesehene

---

45 Gehrig 1931/1932, S. 82.

46 Kovalevski, Bärbel: Georg Friedrich Kersting als Malervorsteher an der Königlich-Sächsischen Porzellanmanufaktur Meißen von 1818 bis 1847. In: Keramik-Freunde der Schweiz. Mitteilungsblatt Nr. 108, 1994, S. 5-88

47 Die Briefe sind im Nachlaß Kersting, Privatbesitz. – In Kurzfassung bei Schnell, 1994, S. 361-366.

Wohnung auf dem Domplatz, die für die nächsten Jahrzehnte ihre Heimat werden sollte, besichtigen.

Am 16. September erzählte Kersting seiner Braut von einer durchtanzten Nacht aus Anlass der Jubelfeier für den König, zu dem sich die elegante Welt von Meißen getroffen hatte. Aus Sehnsucht bat er sie, zur Hauptlese des Weins mit dem Vater, dem Bruder Karl und dem Ehepaar Friedrich zu kommen. Er will Karl den gewaltigen Dom zeigen. Am 22. Oktober konnte er über den Erfolg berichten, den er mit seinen Experimenten für die neue Vergoldungsart erreicht hat:

„Es geht so glücklich das meine Arbeiter schon, nach meiner Methode 280 Quadrat Zoll Flächenraum mit einen Ducaten legen können, jedoch verspreche ich mir wen alles erst nach meinem Plane eingerichtet ist, noch um 1/6 zu steigern. Mit der Sorgfalt die ich anwende habe ich 3 Versuche gemacht, 300 einige 10 Quadrat Zoll zu belegen wovon die beyden lezten sehr glücklich ausgefallen sind, und du must wissen, das auf diese Weise die Vergoldung erstens weit leichter zu poliren ist und übrigens einen schöneren glanz giebt. Vor mir, oder ehe ich zur Manufacktur kam, konnte man mit der grösten Sorgfalt, nicht mehr als 100 Quadrat Zoll mit einem Ducaten legen und es gab einen schlechten Glanz. Gott gebe Gedeihen zu meinem Fleiß, Meine Ehre ist die Deine, und die wird mir gewiß werden. Grüße den guten Friedrich recht schön wieder und sage ihm wie sehr ich ihn Liebe und Achte.“

Die Braut Agnes berichtete in ihren Briefen aus dem täglichen Leben. Sie bereitete sich fleißig mit Nähen und Hauswirtschaft auf die Ehe vor, hatte aber weiter ihren Unterricht in Klavier und Gitarre, machte regelmäßig Spaziergänge und besuchte wiederholt Helene von Kügelgen, mit der sie sich gut verstand. Kersting besorgte schon Möbel, Vorhänge und ein Speiseservice in Weiß für den Haushalt, denn er wollte *alles sehr nett* haben. Doch das Kaffeeservice solle sie sich selbst aussuchen (November 1818).

Am 22. November 1818 heirateten Georg Friedrich Kersting und Agnes Sergel und begannen in dem so liebevoll vorbereiteten Heim ihre glückliche Ehe, in der sie ihre Freude über ihre vier Kinder miteinander teilten, aber auch von schweren Sorgen nicht verschont blieben. Die Tochter Anna litt von klein auf an einer schweren Herzkrankheit und der frühe Tod des ältesten Sohnes Ernst, der Arzt geworden war, im Jahre 1844 belastete die Eltern schwer.[48]

Doch zurück zu Georg Friedrich Kerstings Leben und Wirken in der Manufaktur und der Stadt Meißen. Im Jahre 1818 blickte Kersting glücklich und voller Schaffensdrang in die Zukunft. Ein großes Tätigkeitsfeld mit hoher Verantwortung war ihm übertragen worden. Der Betriebsinspektor Heinrich Gottlob Kühn gab 1828 in seiner Geschichte der Porzellanmanufaktur über ihren Zustand seit 1814 Folgendes an:

„Ein im Innersten zerrütteter Betrieb des Technischen, […] *ein veraltetes Formenwesen, ein mit wenigen Ausnahmen wahren Sinn für Kunst und einer freien, echt*

48 Kirchenbuchamt Dresden, Kreuzkirche: Sterberegister 1848, Nr. 208:13. März 1848, Tod der Anna Kersting [geb. 1828] wegen Herzkrankheit; Sterberegister 1850, Nr. 924: 11. November, Tod des Hermann Kersting [geb. 1825], Maler, an Tuberkulose. Beide auf dem Neuen Kirchof bestattet. Die Mutter Agnes zog um 1852 zu dem verbliebenen Sohn Richard in Riga. Von Richard und seinen Kindern stammt die heute noch bestehende Familie ab.

künstlerischen Behandlung der Malerei entfremdetes, im besten Falle doch irre geleitetes, an ein mühsames Auspinseln gewöhntes Malerkorps, ein großer Waarenvorrath, der jedoch im regelmäßigen Verkaufe kaum Nachfrage mehr fand […].“[49]

Daraus sollte nun ein zeitgemäßer, gegenüber den Porzellanmanufakturen Sévres, Wien und Berlin konkurrenzfähiger Betrieb aufgebaut werden.

Als Malervorsteher übte Kersting praktisch die Funktion des künstlerischen Leiters aus. Er hatte die Aufgabe, die künstlerische Qualität und Originalität der Meißner Erzeugnisse zu bestimmen. Zu seinem Arbeitsgebiet gehörten weiterhin die Qualifizierung des über 100 Mann starken Malerkorps, die Experimente für neue Farben und Golddekorationen, die Einführung von Reproduktionsverfahren auf Porzellan, die Beratung und Mitgestaltung im Formenwesen und die Aufsicht bei der Ausbildung der Zeichenschüler. Gefordert wurden von ihm außerdem neue Dessins und Entwürfe für Dekore und Formen.

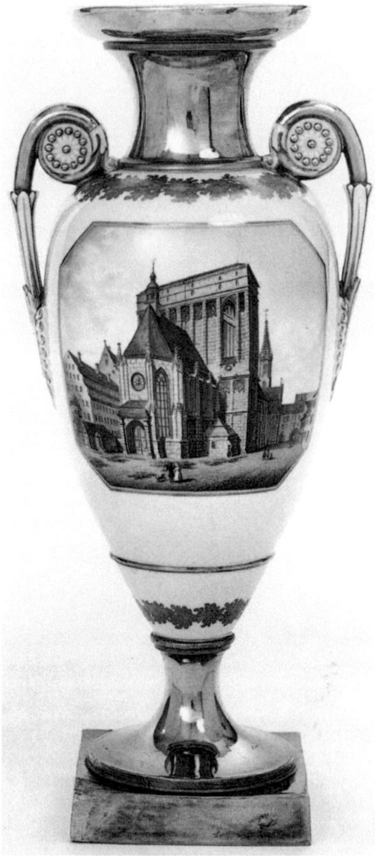

Abb. 20: Amphorenvase mit Vedute des noch turmlosen Meißner Doms, Porzellanmanufaktur Meißen, 1839, Bayerisches Nationalmuseum München

Auf regelmäßigen Besuchen von Messen und Ausstellungen in Dresden, Leipzig und Berlin erhielt und vermittelte Kersting Anregungen durch die neuesten Tendenzen auf dem Gebiet kunsthandwerklicher Arbeiten etwa in der Porzellan- und Glasherstellung oder der Goldschmiedekunst.[50] Kersting setzte sich mit aller Kraft für die Modernisierung der Manufaktur ein, qualifizierte vor allem das Malerkorps, das bald zu Höchstleistungen in der Porzellanmalerei fähig wurde. In Wien meinte man schon um 1825, dass die Malerei in Meißen besser sei als in Berlin, und 1844 wurde auf der ersten allgemeinen Gewerbeausstellung in Berlin hervorgehoben, dass die Malerei aus Meißen *unübertroffen sei in Figuren, Landschaften, Blumen und der Technik der*

49 Hauptstaatsarchiv Dresden. Loc. 41908. Rep. IX b Abt. A: Kühn, H. G. Geschichte der KPM zu Meißen, ihre Entstehung und Erweiterung. 1828, pag. 85 ff.

50 Kovalevski 1994, S. 49ff. und Kovalevski, Bärbel: Vom Klassizismus zum Historismus. Vom Einfluss der Kunststile auf das Meissener Porzellan. In: Kunst oder Kommerz? Meissener Porzellan im 19. Jahrhundert. Ausstellungskatalog. Dresden 2010.

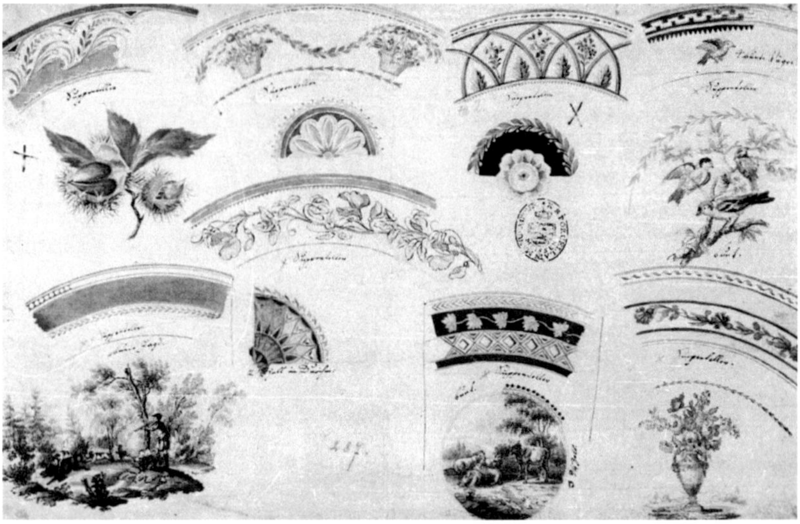

Abb. 21: Musterblatt für Porzellandekore, um 1820, MEISSEN, Historische Sammlungen

Farbe, ihrem gleichmäßigen Glanz, unübertroffen in der Schönheit und Dauer ihrer matten sowie polierten Vergoldung. [51]

Mit welchen Mitteln Kersting dies erreichte, hat die Verfasserin bereits in der Arbeit von 1994 untersucht.[52] Um den großen Vorrat an weißem Geschirr abzubauen, entwarf er zum Beispiel neue Muster in der Blumenmalerei, die als einfache Malerei galt (Abb. 25). Er entwickelte eine leichte, freie Blumenmalerei, die als „Meissner Maniermalerei" bis heute bekannt ist und von anderen Manufakturen nachgeahmt wurde. Das heute so beliebte Motiv der „Meissner Rose" gehört zum Beispiel dazu.

Neben der Blumenmalerei prägten zeitgenössische Stileinflüsse wie der Klassizismus mit der Vorliebe für weiß-goldenes Porzellan, dann die in der Romantik als national und patriotisch empfundene Gotik und nach 1832 die Renaissance die Dekore und Formen. Seit 1822 kamen aus England Bestellungen nach altem Rokoko-Porzellan, so dass Kersting die Maler wieder auf diesen Stil zu schulen hatte. Bis zur Mitte des 19. Jahrhunderts wurde das Rokoko-Porzellan von den Zeitgenossen als Geschmacksverirrung abgetan und die Leistung der Manufaktur minder bewertet. Erst als die Historismus-Welle auch das Neo-Rokoko für sich entdeckte, stand Meißen mit einem bewährten Formenschatz und einem fähigen Malerkorps wieder an führender Stelle.

Im Jahre 1828 begann man in Meißen mit der Produktion eines neuen Artikels, der auf eine französische Erfindung aus dem Jahre 1827 zurückging, die Lithophanie – eine Reproduktionstechnik für Porzellan. Gemälde oder Zeichnungen wurden in einem künstlerisch anspruchsvollen Verfahren auf dünne Porzellanplatten über-

51 Amtlicher Bericht über die allgemeine Gewerbeausstellung zu Berlin 1844. Berlin 1845/46, Band 3, S. 42.

52 Kovalevski 1994, S. 31-47 und S. 49-60.

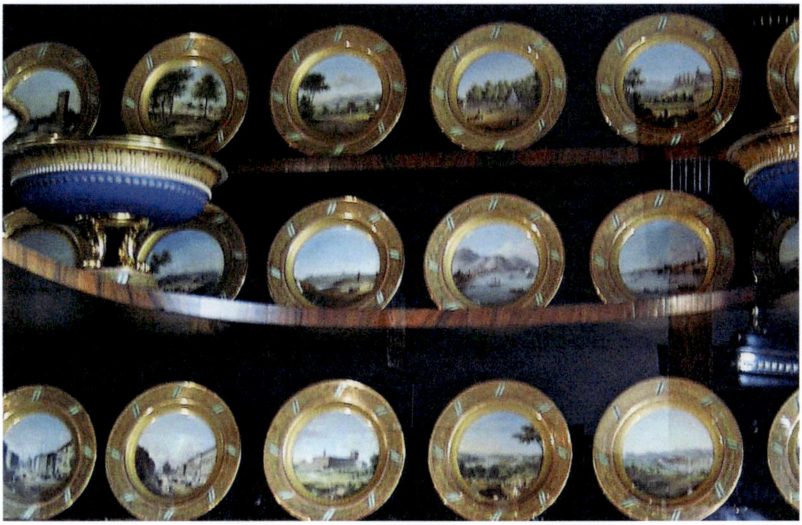

Abb. 22: Blick auf Teile des Wellington-Service aus Meißen, 1819, London, Apsley House

tragen, die im durchscheinenden Licht die Bilder in feinen Grauabstufungen, später auch farbig, wiedergaben. Bei der Auswahl der Motive griff Kersting auf historische und zeitgenössische beliebte Kunstwerke zurück und lieferte gelegentlich eigene Arbeiten als Bildvorlagen. So wurden die Lithophanien Nr. 139 (Abb. 27) und 144[53] als Reproduktionen des Kersting-Gemäldes „Kinder am offenen Fenster" (Abb. 27 a) erstellt. Die Meißner Lithophanien können als Höchstleistungen des Kunsthandwerks geschätzt werden. Ein gedrucktes Preisverzeichnis dieses Meißner Artikels um 1850 führt die Bildtitel von ca. 138 Lithophanien auf. Davon sind 32 Titel mit religiöser Thematik wie Andachtsbilder und christliches Bürgerleben und zur Literatur und Mythologie können 22 Lithophanien gezählt werden. Auch Genre-Darstellungen aus dem bürgerlichen Leben, sowie Historienbilder und Veduten sind beliebte Motive der Bilder aus Porzellan. Dieses zeitgenössische Zierporzellan, genutzt als Fensterbilder, Einsätze in Lampen- und Wandschirme oder Tassenboden widerspiegelt die geistig-kulturellen Bedürfnisse des deutschen Bürgertums in der Biedermeierzeit. Sie konzentrieren sich auf die religiöse Belehrung sowie auf die Bildungsbedürfnisse in Literatur, Geschichte, Geographie, Volks- und Naturkunde und die Bildung des Kindes.
Als Vorlagen für die Lithophanie-Darstellungen dienten beliebte Werke alter Meister, doch in größerem Maße Werke zeitgenössischer Künstler. Ein Versuch, die aufgeführten Bildmotive in dem Preisverzeichnis originalen Kunstwerken zuzuordnen, ließ die Schlussfolgerung zu, dass Georg Friedrich Kersting bei der Auswahl Werke der Düsseldorfer Schule bevorzugte, die mit dem Einzug Carl Eduard Bendemanns 1838 an der Dresdner Kunstakademie bekannt wurde. Dessen Ölgemälde von 1832

53 Kovalevski, Bärbel: Die Lithophanie – ein neues Erzeugnis im Kunsthandwerk des 19. Jahrhunderts, in: Kovalevski 1994, S. 61.

Abb. 23: Blumenstilleben, um 1830, Gemäldegalerie Neue Meister Dresden

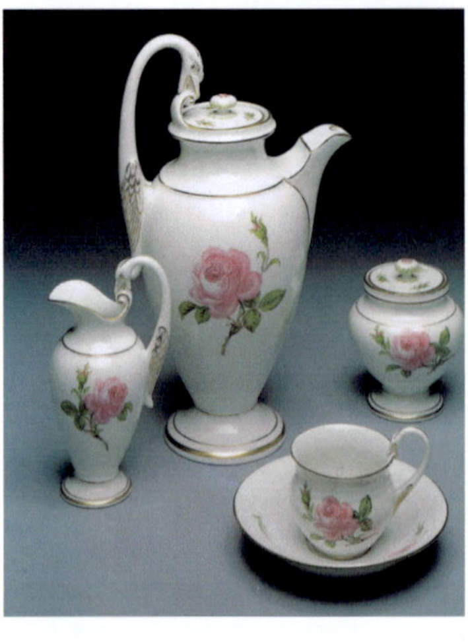

Abb. 24: Service mit Rosenmalerei, um 1820, Ausführung 1955, Meißen, Porzellan-Stiftung GmbH - Porzellanarchiv.

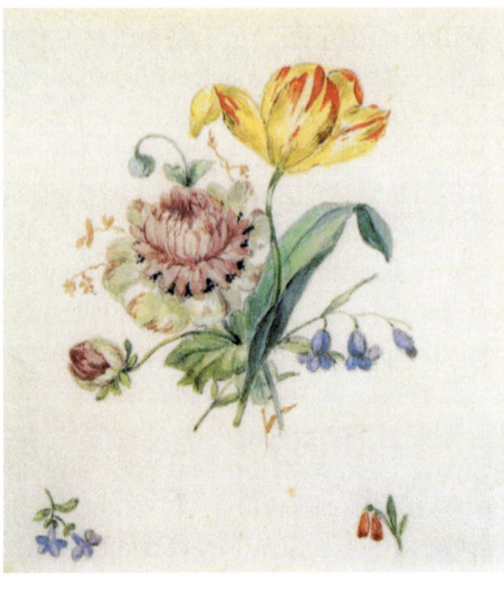

Abb. 25: Blumenbukett mit Tulpe, um 1825, Aquarell, Staatliches Museum Schwerin

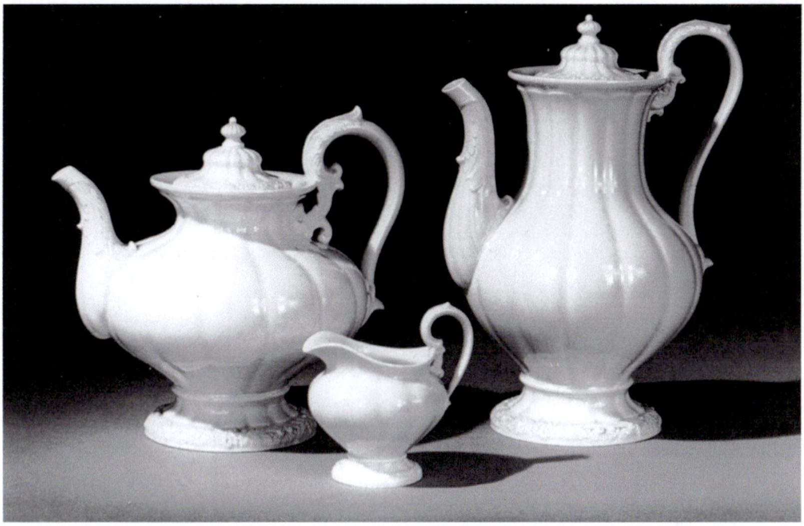

Abb. 26: Service im Stil des Rokoko, 1844, Entwurf G. F. Kersting, Meißen, Porzellan-Stiftung GmbH, Porzellanarchiv.

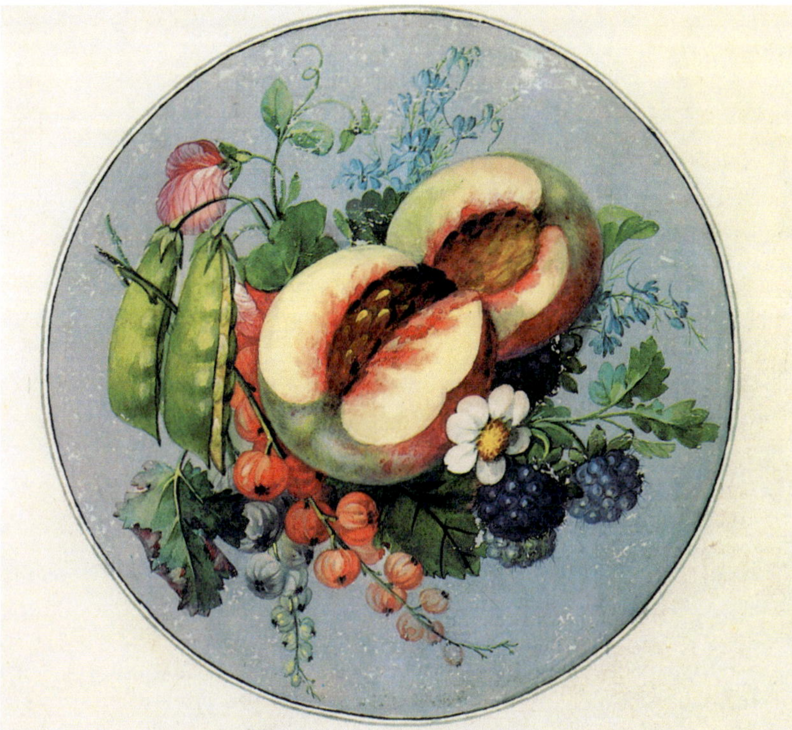

Abb. 26 a: Fruchtstück im Kreis, Aquarell, Staatliches Museum Schwerin.

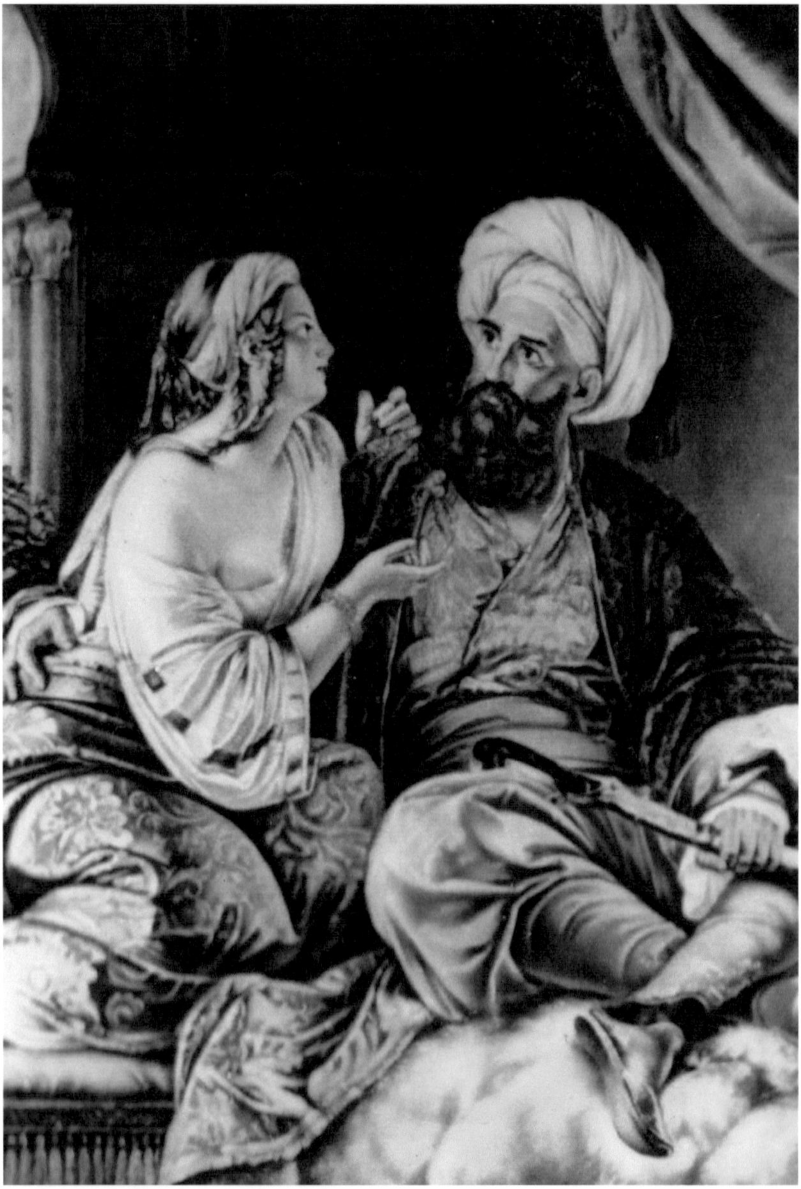

Abb. 27 d: Scheheräzade, 1841, nach dem Gemälde von Paul Emil Jacobs (1802–1866), Biskuitporzellan, Lithophanie Nr. 187, Porzellanmanufaktur Meißen

„Die Juden in Babylon" erregte großes Aufsehen. Im Jahre 1835 wurde in Meißen die Lithophanie Nr. 127 mit dem Titel „Juden in Babylon" produziert.[54]

54 Betriebsarchiv Meißen, III G 2, pag. 210-215: Verzeichnis der von 1834 bis 1845 produzierten neuen Artikel von H. G. Kühn.

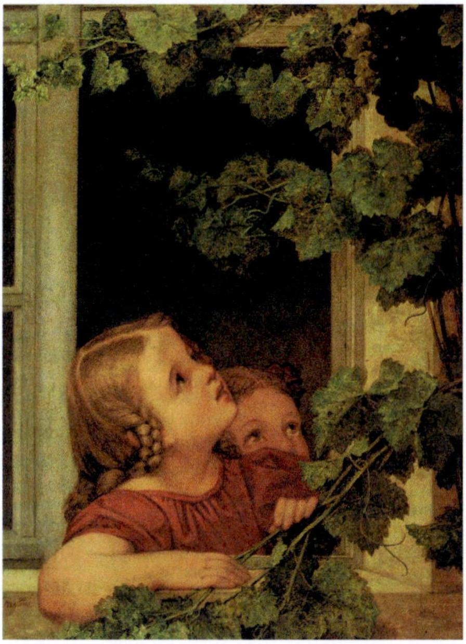

Abb. 27 a: Kinder am offenen Fenster, 1843, Museum der Stadt Güstrow

Von Peter Heß (1792–1871), dem älteren Bruder des Historienmalers Heinrich Maria von Heß (1798–1863), wird das Gemälde „Kosakenüberfall“ zum Vorbild für die Lithophanie Nr. 111[55]. Peter Heß war Kämpfer im Befreiungskrieg 1813; er malte Feldlager und Schlachtenszenen. Der Berliner Maler Rudolf Jordan (1810–1887), der in Düsseldorf studierte, hatte Erfolg mit dem Genrebild „Heiratsantrag auf Helgoland“, das zur Vorlage für die Nr. 124 der Lithophanien aus Meißen wurde. Von der Münchner Akademie-Schule wäre der Maler Paul Emil Jacobs (1802–1866) aus Gotha zu erwähnen, Cousin der Malerin Louise Seidler, die auch in München studiert hatte. Jacobs Gemälde fanden großes Interesse bei den Zeitgenossen, insbesondere in St. Petersburg, wo er sich einige Jahre aufhielt. Sein Gemälde „Scheheräzade“ aus dem Jahr 1841 wurde zur Vorlage für die Lithophanie Nr. 187 (Abb. 27 c).

Georg Friedrich Kersting hatte also bei der Auswahl der Bildmotive für die Meißner Lithophanien und deren Umsetzung in Porzellan mit seinem Team der Former und Gipsradierer große Verantwortung für den Erfolg dieser kleinen Kunstwerke.

Dieser Erfolg ließ nicht auf sich warten. Der Artikel Lithophanie schlug der Manufaktur positiv zu Buche. Zusammen mit anderen Neuerungen in Formen, Dekoren, Vergoldungen und Goldradierungen konnte die Manufaktur viel Porzellan im In- und Ausland absetzen, so dass sie ab 1833 im Gegensatz zu den Manufakturen in Sèvres, Berlin und Wien rentabel wirtschaftete.

Die Porzellanmanufaktur und ihre Zeichenschule unterstanden in künstlerischen Fragen der Oberaufsicht der Akademie der Bildenden Künste Dresden. Daraus leitete sich die Aufgabe der Manufaktur ab, an den Kunstausstellungen der Akademie teilzunehmen. Die Delegierung von besten Malerarbeiten nach Dresden und zu

55 Meier, Günter: Porzellan aus der Meißner Manufaktur. Berlin 1981, Abb. 44.

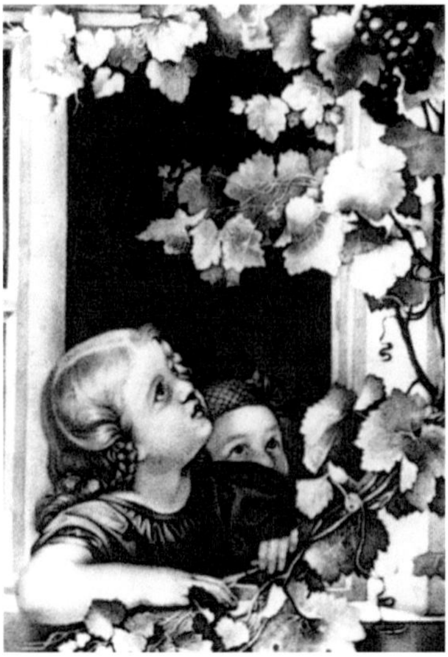

Abb. 27 b: Lithophanie Nr. 139, Kinder am Weingeleit, Biskuitporzellan, Meißen, 1836

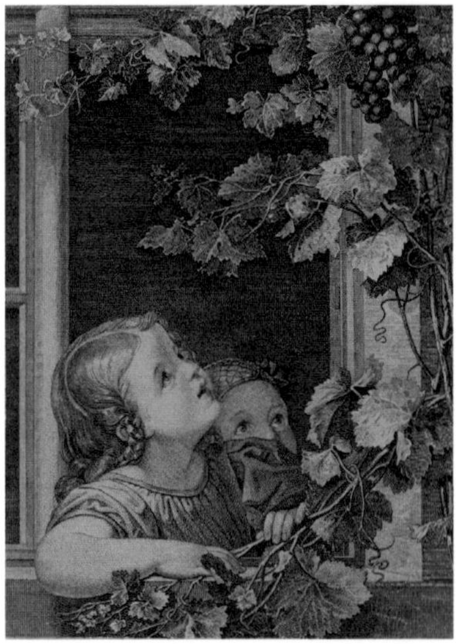

Abb. 27 c: Moritz Edwin Kluge: Kinder am offenen Fenster, Kupferstich, um 1834

den Messen in Berlin und Leipzig war auch ein Mittel für Kersting, die Fähigkeiten der Maler zu entwickeln, anzuspornen und anzuerkennen. So wählte er für die Kunstausstellung in Dresden 1824 eine große Platte mit der Darstellung des Meißner Domes nach dem Entwurf des Hofmalers Arnhold aus; eine Platte mit der Darstellung der „Magdalena" vom Hofmaler Schaufuß; ein Kaffeeservice mit Blumenstücken vom Blumenmaler Fuchs und ein gleiches in Bleu du roi mit Prospekten von den jungen Malern Görz und Böhlig. Dazu eine *„große, nach der in Sèvres von Kühn gelernten Methode mit Spitzengewand versehene Bisquitfigur"*.[56] Kerstings Vorschläge wurden jedoch im Jahre 1824 von dem Inspektor nicht in vollem Umfang genehmigt, da die Manufaktur noch tief in finanziellen Schwierigkeiten steckte und keine kostbaren Porzellane mit hohem Arbeitsaufwand ausführen wollte. Zur Ausstellung kamen nur die genannten Service.[57]

Die Meissner Porzellanmanufaktur war dank der unermüdlichen Bestrebungen des Betriebsinspektors Kühn, der Arkanisten Köttig und Selbmann und des Malervorstehers Kersting auf den neuesten Stand gebracht. Mit eigenen Erfindungen wie der Triangelvergoldung, der Glanz- und Mattvergoldung, mit neuen Motiven in der Malerei und Ausführungen in höchster Qualität wurde sie seit 1833 wieder in Europa führend und vor allem in finanzieller Hinsicht rentabel. Die Überschüsse konnten angesammelt werden und ermöglichten den Bau eines modernen Manufakturbetriebes im Triebischtal in Meißen, der ab 1863 bezogen werden konnte. An dieser Entwicklung hatte auch der Malervorsteher Georg Friedrich Kersting entscheidenden Anteil.

56 Betriebsarchiv Meißen. III G 1 „Gestaltungs und Verfeinerungsbranche", S. 63.

57 Kovalevski, Bärbel: Die PM Meißen und deren Entwicklung in der 1. Hälfte des 19. Jahrhunderts am Beispiel ihrer Ausstellungsexponate auf Kunst- und Gewerbeausstellungen, in: Kovalevski 1994, S. 66 f.

Malervorsteher und bildender Künstler

Als Einrichtung, die in künstlerischer Hinsicht der Akademie der bildenden Künste in Dresden unterstand, musste die Porzellanmanufaktur sowohl Arbeiten von den Zeichenlehrern und Schülern, als auch Beispiele der Porzellanproduktion auf den Kunstausstellungen vorstellen.[58] Die Auswahl der vorzustellenden Objekte und damit die Vorbereitung auf die Ausstellungen oblagen ebenfalls dem Malervorsteher Kersting. Er nutzte diese Möglichkeit nicht nur zum Ansporn für die besten Maler der Manufaktur, sondern fühlte sich selbst auch gemahnt, seine künstlerische Arbeit als Maler nicht durch die große Arbeitsbelastung völlig einzustellen.

Die Freude über das Wiedersehen mit dem Freund Caspar David Friedrich nach der Rückkehr aus Warschau veranlasste Kersting zu einem weiteren Porträt „Caspar David Friedrich in seinem Atelier", das im Jahre 1819 vollendet wurde (Abb. 29 b). Im Gegensatz zur Fassung von 1811 ist Friedrich nicht an seinem Bilde arbeitend aufgenommen, sondern hinter dem leeren Stuhl stehend, sein Werk betrachtend, in Kontemplation vertieft. Der Betrachter sieht nicht, was auf der Leinwand gemalt ist, hat aber einen deutlicheren Eindruck von der Physiognomie des Künstlers. Kersting wird wie viele Freunde des Landschaftsmalers Friedrich dem häufig schwermütigen Zug im Gesicht des Künstlers und seinem tiefen Ernst, mit dem er Naturwahrheit und Empfindung in seinen Bildschöpfungen verband, nachgeforscht haben. Feinste Farbabstufungen, die vom dunklen zum hellen Grau in Graugrün übergehen und den Blick des Betrachters hinaus zum Fensterausschnitt mit einem leuchtenden Blau und Weiß des Himmels führen, zeigen Kersting als Meister der Farbe. Von außen kommt das Licht, das den Künstler seitlich erfasst, die Palette wie ein Juwel aufleuchten lässt und unruhige Schatten auf dem Fußboden erzeugt.

In Dresden beteiligte sich Kersting von 1818 bis 1842 mit mehreren Gemälden an den Kunstausstellungen. So stellte er zum Beispiel im Jahre 1818 das „Paar am Fenster" (Abb. 9), 1821 den „Abschied des Kriegers von seiner Familie", 1825 „Christus segnend unter seinen Jüngern", 1829 „Faust in seinem Studierzimmer" (Abb. 30), 1830 „Die heilige Magdalene" und „Ritter Toggenburg", 1834 „Kinder am offenen Fenster" (Abb. 27 a) und 1837 „Zwei Kinder am Papageienkäfig" aus. Von diesen Gemälden erreichte das kleine Bildnis „Kinder am offenen Fenster" aus dem Jahre 1834 große Beliebtheit, ja Volkstümlichkeit. Der Sächsische Kunstverein kaufte das Bild an, welches der Vorsitzende Johann Gottlieb von Quandt wärmstens dafür empfahl. Es wurde von Moritz Edwin Kluge in Kupfer gestochen und als Jahresgabe 1834 im Auftrage des Vereins an die Mitglieder verteilt (Abb. 27 c).[59] Kersting kam es auf die Erfassung eines typisch kindlichen Verhaltens an, das sich nach Dingen sehnt, die es noch nicht erreichen kann. Das Nachfühlen der Situation ist jedem Betrachter möglich und so ist auch die einstimmige Annahme durch die Komiteemitglieder des Kunstvereins für dieses sinnreiche Bild verständlich. Auch der Kritiker

58 Prause, Marianne: Die Kataloge der Dresdner Akademie-Ausstellungen 1801-1850, Berlin 1975.

59 Kovalevski, Bärbel: Die Sächsische Bilder-Chronik, B-C 124, S. 248/249.

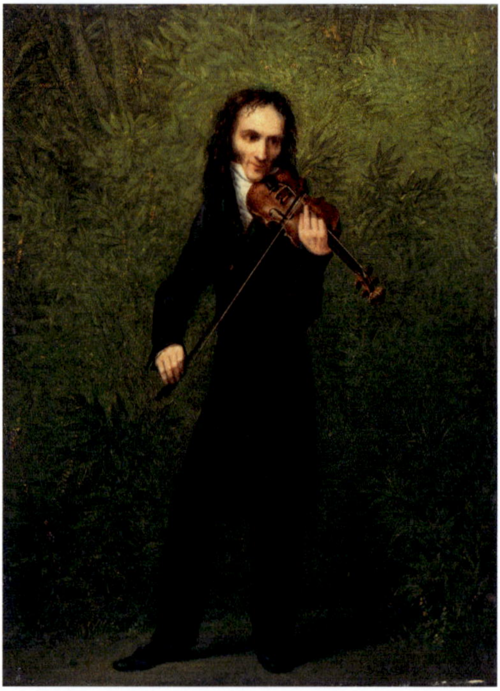

Abb. 28: Bildnis des Geigers Nicolo Paganini, 1830, Galerie Neue Meister Dresden

meint in seiner Bildbesprechung über die Dresdner Kunstausstellung 1834: *„Der erstgenannte Meister G. Kersting, Malervorsteher in Meißen, hat ein zauberisch-liebliches, der Natur abgelauschtes Bildchen „Kinder am offenen Fenster“ geliefert, und dadurch auf's neue ein längst anerkanntes Talent in praktischer Auffassung und Darstellung einfacher Situationen beurkundet. Zwei allerliebste Kinderköpfchen blicken sehnsüchtig, aber nicht lüstern, nach einer reifen Traube, welche lockend und verführerisch an der das Fenster malerisch umgebenden Rebe herabhängt, so nah und doch so fern dem Bereiche der herzigen Kinder,* [...] *Das Ganze ist ein kleines Gedicht, einfach aber vollendet in Anlage und Ausführung.“*[60]
Bis heute hat dieses kleine Gemälde nichts von seinem Zauber eingebüßt. Das Museum der Stadt Güstrow erwarb mit Hilfe von Sponsoren aus Privatbesitz die dritte Fassung der „Kinder am offenen Fenster“ von 1843 im Jahre 2006 und fügte das Bild der erlesenen Sammlung von Kerstings Werken in seiner Ausstellung hinzu (Abb. 27 a).[61]
Obwohl nicht alle Gemälde erhalten sind, geben doch die Themen Auskunft darüber, mit welchen zeitgenössischen Motiven Kersting sich aus-

60 Artistisches Notizenblatt, Nr. 18, Sept. 1834, zitiert aus: Schnell 1994, S. 248-249.

61 Börsch-Supan, Helmut: Kerstings Kinder am offenen Fenster. Erzählung und tiefere Bedeutung. – Werner Schnell: Kerstings zu hoch hängende Trauben – oder die Sehnsucht durchs Sehen. – Beide Beiträge in: Kulturstiftung der Länder – PATRIMONIA 326, Museum der Stadt Güstrow 2007.

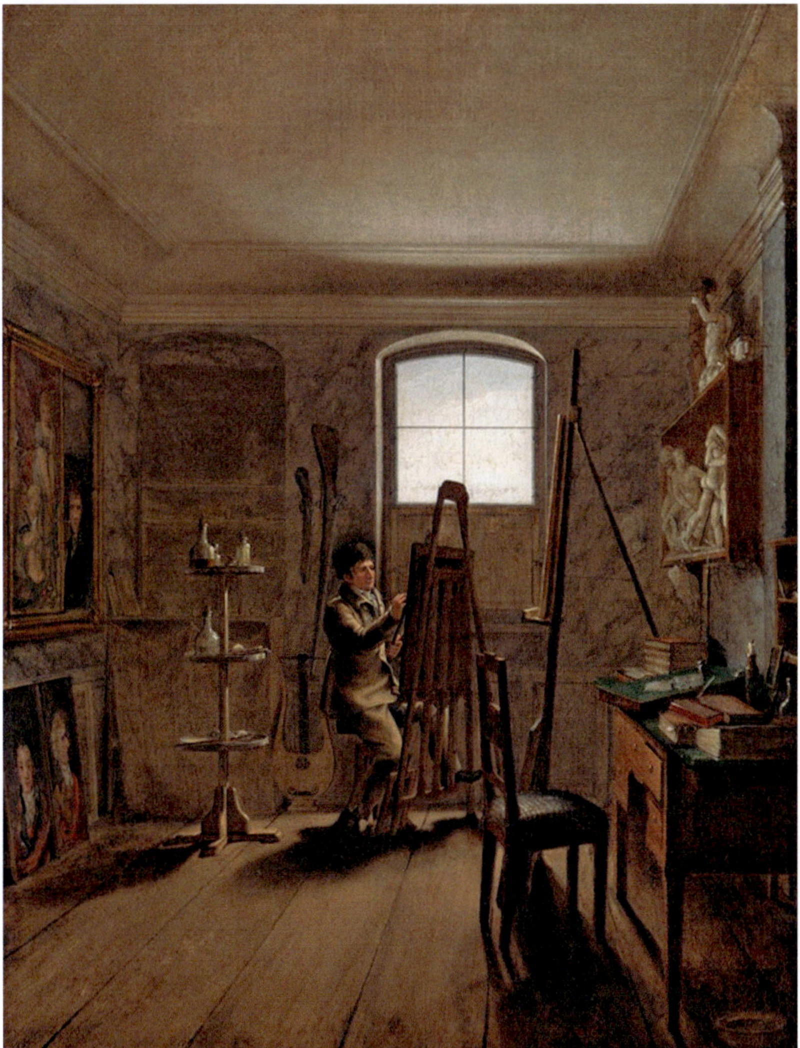

Abb. 28 a: Der Maler Gerhard von Kügelgen in seinem Atelier, Staatliche Kunsthalle Karlsruhe

einandersetzte. Ist das zweite Gemälde in der obigen Aufzählung noch eine Reminiszenz an die nie vergessene Zeit des Befreiungskrieges, so wird unter dem Einfluss der aus Rom zurückgekehrten Dresdner Maler, die sich der religiösen Malerei der Nazarener angeschlossen hatten, auch diese Thematik für Kersting von Interesse („Christus segnend unter seinen Jüngern" und „Die heilige Magdalene").

Ein außergewöhnliches kulturelles Erlebnis, an dem Kersting Anteil nahm, war der Auftritt des berühmten Geigers Nicolo Paganini (1782–1840) in einem sei-

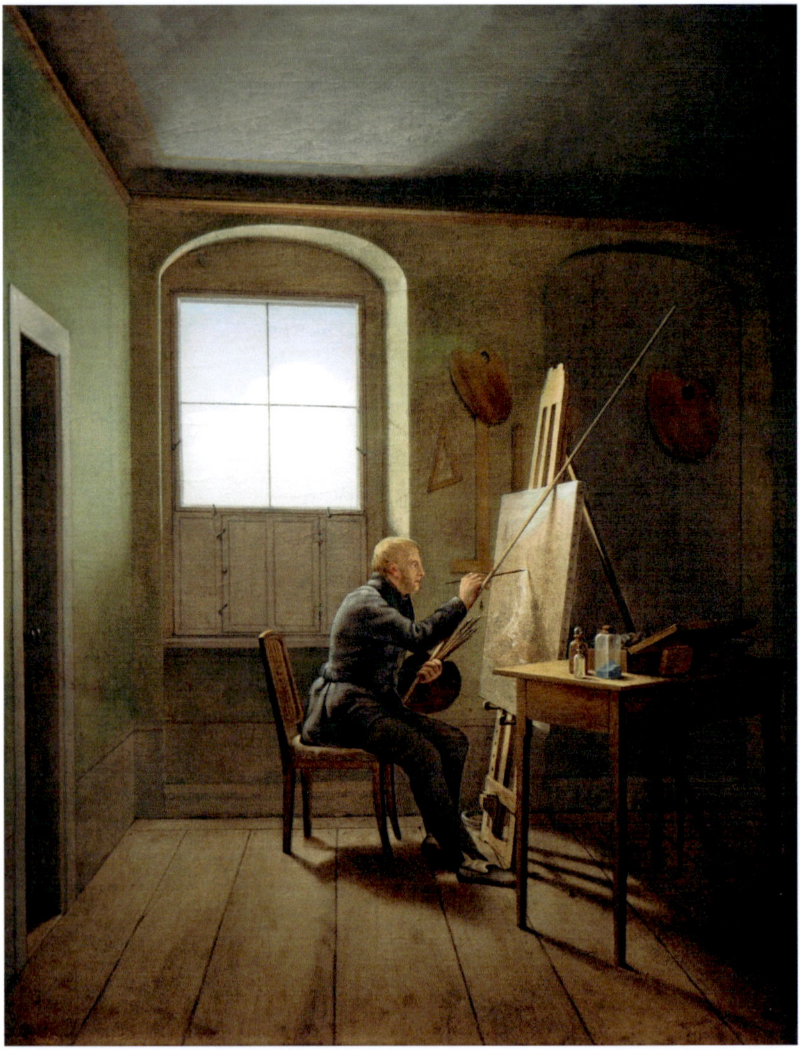

Abb 29 a: Caspar David Friedrich in seinem Atelier, 1811, Kunsthalle Hamburg

ner 1829 in Dresden gehaltenen fünf Konzerte.[62] Die außerordentliche Musikalität des Violinspiels dieses Künstlers, seine ungewöhnliche virtuose Darbietung und Aussehen inspirierten Kersting zu einer ausdrucksstarken Zeichnung des Geigers, die er in einem Ölbild etwas beruhigter umsetzte (Abb. 28). Unter den zahlreichen Porträts vieler Künstler des In- und Auslands von diesem „Teufelsgeiger" ist Kerstings Darstellung von dem zart gebauten, empfindsamen Musiker während des Auftritts vor einer mit fremdländischen Pflanzen

62 Aus: Staatliche Kunstsammlungen Dresden: Einladung zur Matinee „Paganini in Dresden" am 10. Februar 2019.

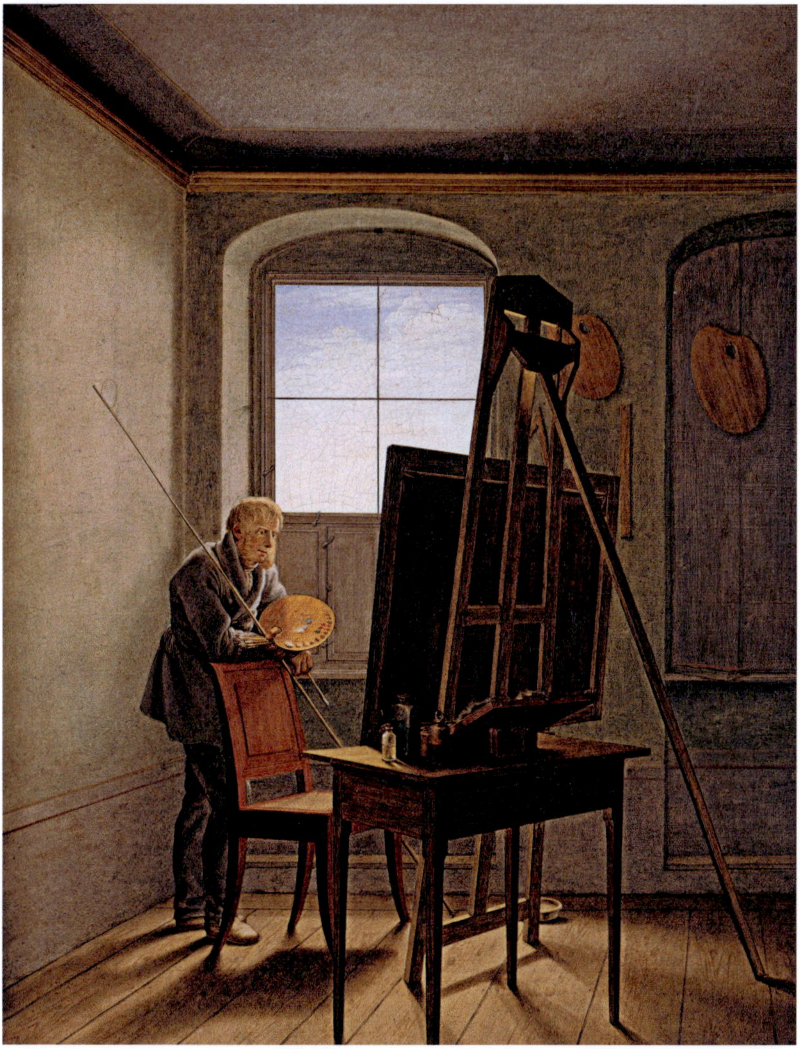

Abb 29 b: Caspar David Friedrich in seinem Atelier, 1819, SMPK, Nationalgalerie Berlin

bemalten Kulissenwand ein besonders einfühlsames Beispiel, diesem musikalischen Genie in seiner Persönlichkeit gerecht zu werden. Das den Dresdner Kunstsammlungen gehörende Bildnis wurde 2019 auf Drängen des Geigers Florian Mayer aus dem Depot geholt und in der ständigen Ausstellung der Galerie Neue Meister dem Publikum wieder nahe gebracht.

Die Wirkung der Poesie auf die Malerei ist in der Romantik besonders stark. Auch für Kersting waren die Dichtungen Goethes, Dantes, Shakespeares und Jean Pauls zur geistigen Quelle und schöpferischen Anregung geworden. Das tägliche Erleben seines Arbeitsraums auf der Albrechtsburg Meißen mit dem

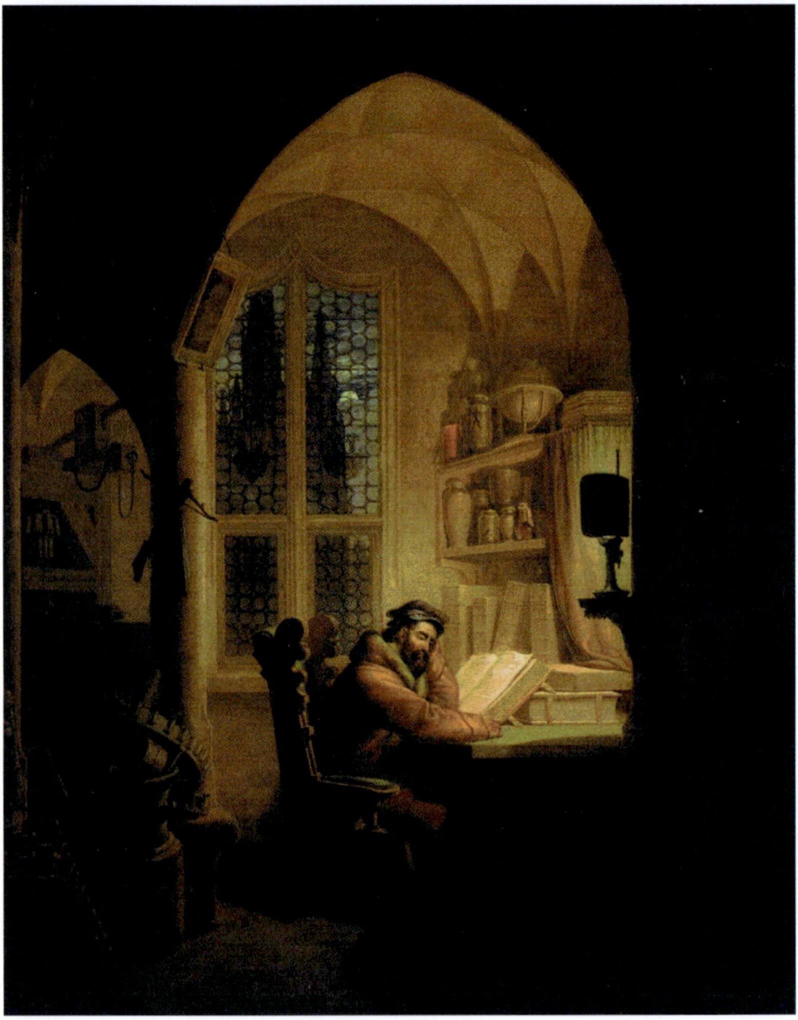

Abb. 30: Faust in seinem Studierzimmer, 1829, Privatbesitz

spätgotischen Zellengewölbe, den er auch für Experimente mit neuen Farben und Vergoldungen nutzte, führte zu dem stimmungsvollen und zugleich symbolträchtigen Interieurbild „Faust in seinem Studierzimmer" (Abb. 30).[63] Kersting war wie viele seiner Zeitgenossen ein glühender Verehrer von Goethes Werken und von dem Dichter selbst. Goethe hatte ihm einst beim Auszug als Freiwilliger Jäger noch einen Segenswunsch auf den Weg gegeben und im Jahre 1824 empfing er Kersting in Weimar, wobei dieser von seiner Tätigkeit in der Manufaktur berichten konnte. Die Reise von 1824 war eine Dienstreise mit Besuchen der Thüringischen Porzellanwerkstätten, wo sich Kersting

63 Schnell 1994, S. 84.

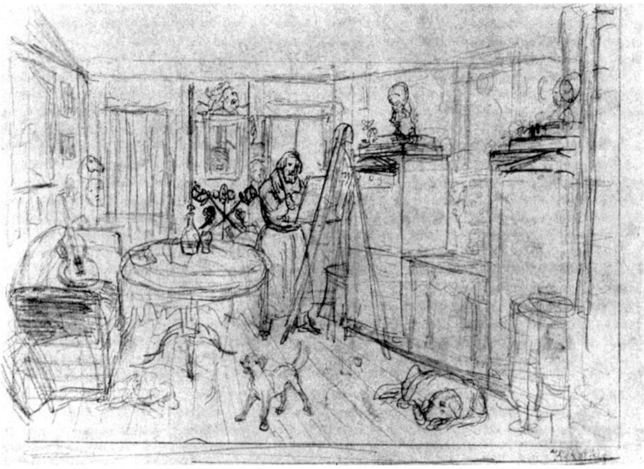

Abb. 31: Maler an der Staffelei, Bleistift, Kupferstichkabinett Dresden

nach maltechnischen Besonderheiten umsehen und für die Gewinnung neuer Mitarbeiter einsetzen sollte. Die nächste größere Dienstreise über Nürnberg nach München verband Kersting zugleich unter Einbeziehung eines Urlaubs mit persönlichen Anliegen.

Im Jahre 1828 hatte der Nürnberger Kunstverein zur allgemeinen Künstlerversammlung und zur Feier des 300. Todestages von Albrecht Dürer eingeladen. Verbunden war damit die Grundsteinlegung für das Dürer-Denkmal von Christian Daniel Rauch. Der Einladung folgten Peter Cornelius, Julius Schnorr von Carolsfeld, Peter Heß und viele andere Künstler. Unter den 127 Eintragungen im Gästebuch ist Georg Friedrich Kersting mit der Nummer 49 vermerkt. Mit ihm kamen aus Dresden die Maler Simon Wagner, Carl Herrmann und die Bildhauer Emil Cauer und Ernst Rietschel.[64] Mit dem Maler Simon Wagner (1799–1829) aus Stralsund, der das Leben auf dem Lande in der Umgebung Dresdens zu seinem Thema gewählt hatte und die realistische Tendenz innerhalb der Romantik vertrat, war Kersting anscheinend befreundet (Abb. 31).[65] Dem Dürerkult trugen später die kunstgewerblichen Industrien mit Kopien der Dürer-Werke oder mit kleinen Dürer-Köpfen und -Statuetten Rechnung. In Meißen ließ Kersting im Jahre 1830 ein kleines Service mit Szenen aus dem Leben Albrecht Dürers nach Zeichnungen von Simon Wagner ausführen und die Lithophanie Nr. 49 nach dem Dürer-Gemälde „Christus am Kreuz“ aus der Gemäldegalerie Dresden anfertigen.[66]

---

64 Nürnberger Dürerfeiern 1828-1928. Ausstellungskatalog der Museen der Stadt Nürnberg 1971, S. 57: Nürnberger Fremdenbuch des Kunst-Vereins.

65 Kovalevski, Bärbel: Facetten der Romantik – Gedanken zum künstlerischen Werk von Simon Wagner (1799–1829). In: Die Welt im Großen und im Kleinen. Kunst und Wissenschaft im Umkreis von A. v. Humboldt und August L. Most. Hrsg. von Gerd-Helge Vogel. Berlin 2009, S. 386 ff.

66 Teile des Service befinden sich im Kunstgewerbemuseum Prag.

Künstlerbeziehungen zu Kersting

Kerstings Verbindung nach Dresden konnte wegen der Entfernung und der Arbeitspflicht nicht mehr so eng sein, wie in früheren Jahren. Dennoch bestanden besonders mit den Familien Friedrich, Kummer und Carus freundschaftliche Kontakte. Mit Sorge sahen Kersting und Carus die zunehmenden Schwierigkeiten des verehrten Freundes Caspar David Friedrich im Umgang mit seiner Umgebung, insbesondere mit seiner Familie. Wahrscheinlich litt Friedrich an Depressionen, die ihn gegenüber anderen Menschen misstrauisch und schwierig werden ließen. Seine Frau Caroline hielt sich öfter in Meißen bei Kerstings auf und auch Agnes Kersting wohnte bei Friedrichs, wenn sie in Dresden war. So war es auch im August des Jahres 1826, als Kersting seiner Frau Geld und Grüße nach Dresden übersandte und in dem Brief bemerkte:
„Die Nachricht von Friedrich hat mich wieder sehr betrübt, o Gott wie soll das werden. Du hast recht, er wird wohl bald komm, und ich wünsche auch nicht das du noch da währst wen er kommt, ich will dir allso ein Vorschlag machen – gehe doch noch auf 8 oder 10 Tagen nach Plauen zur Tante (auf diese Weise wäre es auch nicht kränkend für die arme Friedrichen. Der liebe Gott möge doch alles zum besten lenken) der Carus meint es währe dir gut 13 Tage noch die Cur zu brauchen. Aus Riesewitzens Garten kanst du auch Baden und so könten wir unsern Vorsatz getreu bleiben, so lebe den Wohl und bleibe mein gutes weibchen. Dein dich liebender GKersting.“[67]
Die Familien Kersting und Friedrich hielten weiterhin zueinander. Auch Caspar David Friedrich kam hin und wieder nach Meißen. Im Verzeichnis der Werke von Friedrich wird ein nach 1835 datiertes Aquarell aufgeführt, welches den Toreingang der dortigen Fürstenschule St. Afra zu Meißen zeigt.[68]
Über Besuche bei den Kerstings in Meißen haben verschiedene Zeitgenossen berichtet, so Karl Förster, Julie von Egloffstein und Ludwig Richter.[69] Der Direktor der Zeichenschule Weimar und Goethes Freund, Johann Heinrich Meyer, hatte der jungen Gräfin von Egloffstein für ihre Studien einen Besuch bei Kersting empfohlen, ehe sie weiter nach Dresden ginge. Über die Begegnung mit Kersting berichtete sie der Mutter im Juni 1820:
„Kerstings Bekanntschaft und Attelier hat mir schon einen Vorgeschmack des hohen Kunstgenußes gegeben, der meiner hier wartet. Er hat mehrere, höchst reitzende Bildchen in der Art der früheren, unterdeßen verfertigt, ganz im niederländischen Styl. […] *Seine Persönlichkeit ist von der allerinteressantesten Art. Eine lebhafte, offene Physiognomie – mit hellen, glänzenden Augen – eine sehr noble*

67 Auszug aus dem Brief von G. F. Kersting an seine Frau Agnes in Dresden bei der „Frau Professorin Friedrich am Elbberge zu Dresden“, 16.8.1826. Nachlass Kersting, Privatbesitz.

68 Jensen, Jens Christian: Caspar David Friedrich. Köln 1977, S. 255, Abb. 39.

69 Kügelgen, Wilhelm von: Jugenderinnerungen eines alten Mannes. Hrsg. von Else und Bernt von Kügelgen. Leipzig 1957, Teil II. Kap. VII.; Richter, Ludwig: Lebenserinnerungen eines deutschen Malers. Hrsg. von Heinrich Richter. Frankfurt a. M. 1885, S. 303.; Förster, Karl: Biographische und literarische Skizzen aus Leben und der Zeit Karl Försters. Hrsg. von Luise Förster. Dresden 1846; Kovalevski 1997.

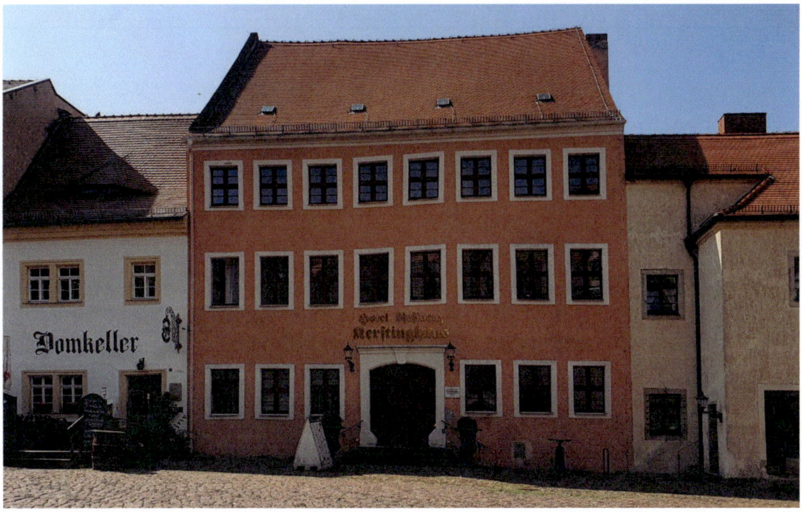

Abb. 32: Das „Kerstinghaus" auf dem Domplatz Meißen. Im ersten Stock dieses Hauses wohnte die Familie Kersting von 1818 bis 1848 in dem der Stadt zugewandten Teil. Heute beherbergt das Haus das „Hotel Residenz Kerstinghaus" Meißen, 2010.

Tournüre u so viel Leichtigkeit in Gespräch u Haltung wie ich selten an irgend einen unseres gleichen gefunden. Gut daß er von keinem höhern Stand und fürs Leben gebunden – der Mann könnte mir sonst gefährlich werden! Er rieht mir gleichfalls mich der niederländischen Schule zuzuwenden u besonders van Dyck u Rubens zu studieren in Hinsicht auf Colorit."[70]

Die auf der Grundlage der Ausstellungskataloge getroffene Feststellung von Marianne Prause, dass unter den topographischen Motiven in den Dresdner Akademie-Ausstellungen erstaunlicherweise Meißen nach Rom und Dresden der am häufigsten abgebildete Ort sei, lässt die Vermutung entstehen, dass hier Kersting als Vermittler anzusehen sei. Bis 1819 ist eine Ansicht von Meißen auf der Ausstellung nur je einmal vertreten, ab 1819 jährlich mit bis zu fünf Werken; insgesamt sind es bis 1850 82 künstlerische Darstellungen mit Motiven aus Meißen. Als besonders schönes Beispiel soll Carl Blechens aquarellierte Zeichnung von 1823 vom Wendelstein des dortigen Schlosses erwähnt sein.[71]

Die sich in Dresden aufhaltenden Künstler nutzten gern die Gelegenheit, die schöne Umgebung an der Elbe zu erwandern und die ehrwürdige Schlossanlage in Meißen mit dem gewaltigen Dom zu besuchen, deren romantische Ansicht hoch über dem Elbtal so faszinierte. Unter den Künstlern, die Ansichten von Meißen in Dresden vorstellten, waren Carl G. Carus, Julius Richter, Gottfried Pulian und Max Albert Hauschild.

---

70 Klassik Stiftung Weimar, Goethe und Schiller-Archiv. Nachlaß Egloffstein, 13/X. I. S. 74.

71 Kleßmann, Eckart: Die deutsche Romantik. Köln 1979, Abb. 2: Carl Blechen, Steinerne Wendeltreppe in der Meißener Burg. 1823.

Gesellschaft und Familie

Die früheren Feststellungen in der Literatur, dass Kersting in der Meißener Zeit ein ruhiges, zurückgezogenes Leben führte, kann man nach diesen Ausführungen sicher zu den Akten legen. Dazu kam auch ein starkes soziales Engagement von seiner Seite für die Interessen der Meißner Bürgerschaft. Durch vielfältige Bindungen in gesellschaftlichen Vereinen, zu deren Mitbegründern er zählte, werden seine politischen Aktivitäten sichtbar. Kersting engagierte sich zum Beispiel in der gemeinnützigen „Gesellschaft für Rat und Tat", bei der Gründung des „Sparkassenvereins Meißen" sowie für den Sonntagsschulverein zur Weiterbildung von Lehrlingen und Gesellen. Kersting war Mitglied der Kommunalgarde, leitete zum Teil deren Übungen und war aktives Mitglied einer Freimaurerloge in Meißen.[72]

An allem Neuen interessiert, verfolgte er auch die Entwicklung in der bildenden Kunst seiner Zeit. Die zeitweise führende Rolle, welche die Düsseldorfer Schule unter der Leitung ihres Direktors Wilhelm Schadow (1788–1862) übernommen hatte, blieb nicht ohne Einfluss auf Kersting. Die Genremalerei mit sozialkritischer Thematik traf die Gefühlslage der Bürger in dieser Zeit. Mit der Berufung des Historienmalers Eduard Bendemann (1811–1889) im Jahre 1838 an die Dresdner Akademie rückte diese Kunstauffassung noch näher in Kerstings Blickfeld. Kerstings Sohn Hermann studierte Malerei bei Eduard Bendemann und berichtete dem Vater über das Kunstgeschehen in Dresden (Abb. 33). Hermann malte unter anderen Mutter und Schwester sowie seinen Freund, den Bildhauer August Wittig als selbstbewussten jungen Künstler (Abb. 34).

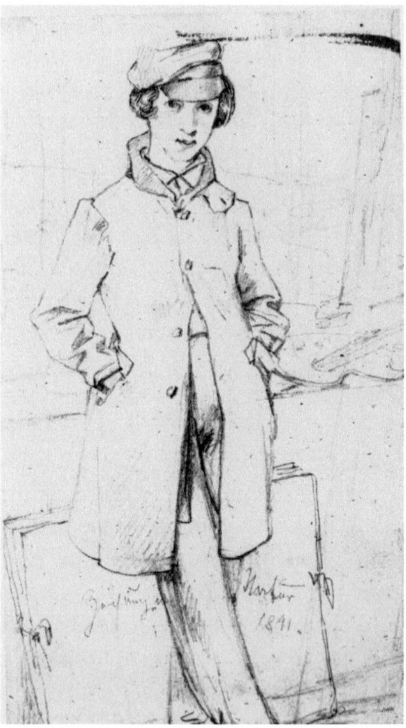

Abb. 33: Hermann Kersting mit Zeichenmappe, Bleistift, 1841

Erhaltene Briefe des Vaters Kersting an seine drei Söhne während ihrer Ausbildung als Mediziner, Apotheker (Chemiker) und Maler sowie Erwäh-

72 Gröger, Helmuth: Tausend Jahre Meißen. Meißen 1929, S. 642. – Thessel, Arthur: 100 Jahre städtische Sparkasse zu Meißen. 1828–1928. Meißen 1928, S. 8. – Lange, Ernst: Die Königliche Porzellan-Manufaktur und deren „Verwandte". Meißen 1911, S. 88. – „St. Johannisloge zur Akazie im Orient Meißen" 1847–1897. Festschrift. Meißen 1897, S. 23.

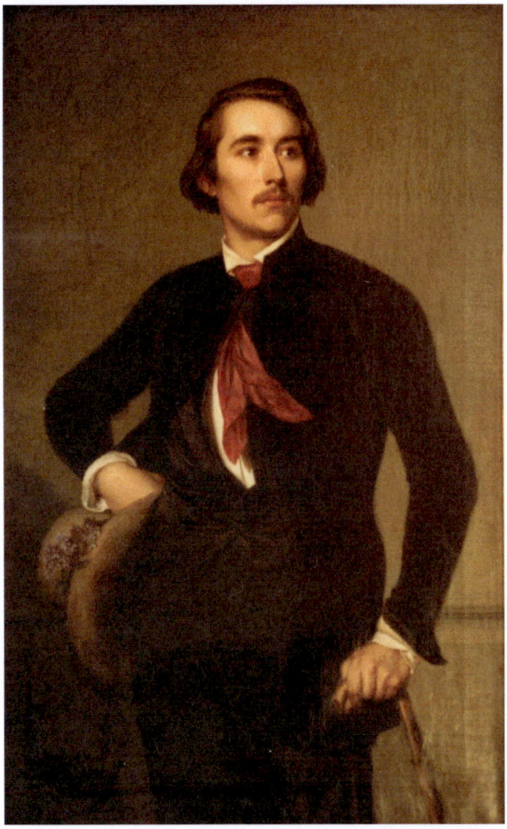

Abb. 34: Hermann Kersting: Bildnis des Bildhauers August Wittig, 1849, Stadtmuseum Meißen

nungen von Dritten zeigen, dass ein enges vertrauensvolles Verhältnis in der Familie herrschte.
Die Söhne brachten nicht nur neue Nachrichten von ihren Ausbildungsorten mit, sondern zuweilen auch Freunde. So scheint der spätere Romanschriftsteller, der Apotheker Theodor Fontane während seiner Ausbildung im Jahre 1843 auch bei den Kerstings gewesen zu sein. Richard wird ihn während seiner Lehrzeit in der berühmten „Struve´schen Apotheke" in Dresden kennengelernt und mit nach Hause gebracht haben.
In dem Porträt Fontanes (Abb. 36)[73] hat Kersting einfühlsam den etwas exzentrisch und träumerisch veranlagten Jüngling gezeichnet, der in diesen Jahren noch zwischen Geselligkeit und Beruf schwankte, doch seine Umwelt, vor allem die Menschen mit wachen Blicken, musterte und registrierte. Theodor Fontane berichtete in seinen Erinnerungen, dass er während seiner Ausbildung in der Struve´schen Apotheke in Dresden gearbeitet habe:

73 Photogravur nach der Kreidezeichnung von Kersting. Verbleib des Originals bisher unbekannt. Abgebildet in: Theodor Fontane: Von Zwanzig bis Dreißig, Berlin 1898, Innentitel (Im Folgenden: Fontane 1898). Bildgröße 10,8x7,9 cm.

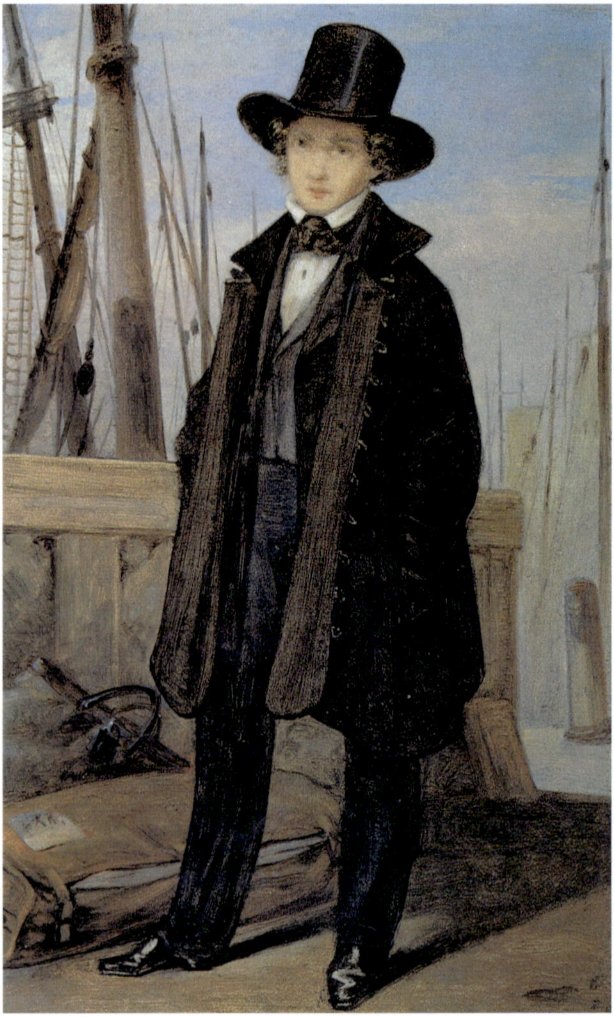

Abb. 35: Richard Kersting vor seiner Abreise nach Riga, 1843,
Neue Pinakothek München

„Struve galt für absolute Nummer eins in Deutschland, ich möchte fast sagen in der Welt, und verdiente diesen Ruf auch. Ich verbrachte da ein glückliches Jahr.“[74]

Wenn Fontane voller Bewunderung für diese ausgezeichnete Apotheke war, so kann man daraus auch schließen, dass Kersting seinem Sohn Richard mit dieser Lehrstätte auch die beste Ausbildung ermöglichte. Später studierte Richard Kersting bei Justus von Liebig und promovierte zum Dr. phil. Mit Fontane blieb er in freundschaftlichem Kontakt, als er fern der Heimat in Riga seine Anstellung fand. Bald danach gab ein Brief Kunde von der schweren Erkrankung Kerstings, der

74 Fontane 1898, S. 205.

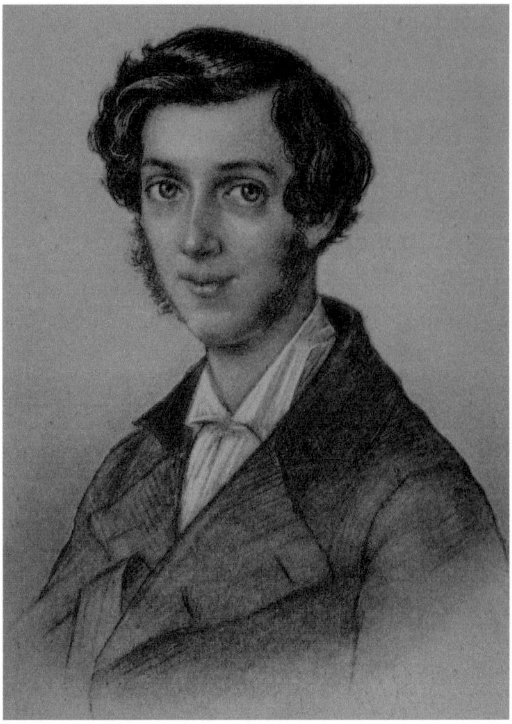

Abb. 36: Bildnis Theodor Fontane, um 1842, Fotogravur der Kreidezeichnung

einen Schlaganfall erlitten hatte und vorübergehend arbeitsunfähig war. Der Vater schrieb selbst am 18. August 1845 an Richard:
„*Die Freude am täglichen Streben nach dem Guten und Nützlichen, sowie das Du in Deinem Wirkungskreis für die Menschheit, in Liebe arbeitsvoller Tätigkeit wohl und gesund bist und dadurch fürs Leben einen schönen Standpunkt gewinnst – hat uns allen mit Dank gegen die Vorsehung erfüllt; besonders mich, als Vater hatte ich immer daß hohe Ziel vor Augen, Euch guten Kinder, (die uns der Himmel (!) so freundlich verliehen und deren Gedeihen in der Liebe zu Gott, gefördert und erhalten wurde, dies ist mein Trost) glücklich zu machen* […].“
Nur noch wenige Jahre konnte sich Kersting seiner Familie erfreuen. Im Juli 1847 musste Hermann Kersting seinem Bruder Richard die Nachricht vom Tode des Vaters am 1. Juli 1847 melden:
„*Unser guter Vater ist in Frieden eingeschlafen. Aber so glücklich, das wir dem Himmel danken müssen, in den letzten Monaten war er zwar angegriffen aber heiterer u sanfter als je, das geringste machte ihm Freude. Er malte viel u mit Liebe u. die gesteigerte Innigkeit zur Natur war auffallend. Der Weinberg war sein Wirkungskreis, er nannte die Blumen D u redete mit ihnen wie mit Seelenverwandten.* […] *Heute mein guter Richard hab ich unsern alten Vater zur Ruhe begleitet. Es war mir ein schwerer Gang.* […] *Mehr als alles rührten mich da die Männer alle die ihn wahrhaft betrauerten u aufrichtig weinten. Des Vaters Le-*

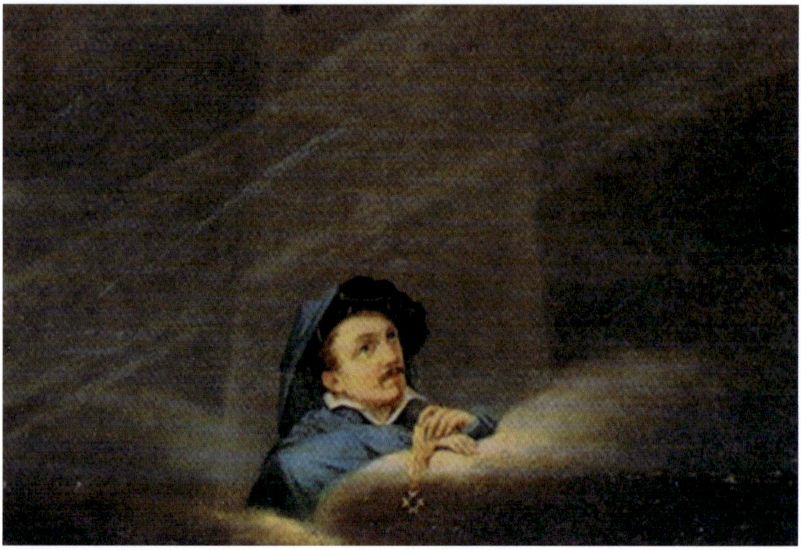

Abb. 37: Selbstbildnis als Freimaurer, Detail aus dem Gemälde „Phöbus Apollo", 1822, Stadtmuseum Güstrow

ben hat hier einen Nachklang hinterlassen, welcher rührend u erstaunenswerth ist."[75]
Georg Friedrich Kerstings Leben und Schaffen erfüllte sich in einer Zeit, die am Anfang des 19. Jahrhunderts von den neuen Ideen für eine Kunst geprägt war, in der – sehr vereinfacht gesagt – das Alltägliche ins Allgemeine und Besondere idealisierend überhöht und dadurch dem romantischen Gefühl Ausdruck verliehen wurde. In der bildenden Kunst war das Ideal der Schönheit, Einfachheit und Wahrheit des Klassizismus noch tonangebend, doch die jüngere Generation der Künstler erhob die Forderung nach Seele und Empfindung in einer nationalen Kunst, die ihre Vorbilder und Motive aus der eigenen Gegenwart und Geschichte holen sollte.

In Dresden fand sich Kersting im Kreise gleichgesinnter Kunstfreunde und Künstler geborgen und angeregt. Hier vermochte er seine originären Schöpfungen, die ihm einen führenden Platz unter den Künstlern der Romantik verschaffen sollten, auszuführen. In seiner feinen, kleinmeisterlichen, lasierenden Maltechnik mit den wie mit Licht durchwebten Farben schuf er in bisher nie gesehenen Kompositionen eine Einheit von Mensch und Raum in unvergänglichen Werken. Vorbilder fand Kersting für seine Auffassung vor allem in der niederländischen Malerei.

Mit den Interieurporträts, in denen der Künstler vom realen Sein ausgehend, dem Wesen der Menschen und ihrem Verhältnis zu ihrer Tätigkeit nachspürt und diese ins Allgemeine überhöht, schuf er Bildvorstellungen, die im Gedächtnis des Betrachters haften.

Georg Friedrich Kersting gehört wie Caspar David Friedrich und Philipp Otto Runge zu den großen selbstständigen Meistern der deutschen Kunst des 19. Jahrhunderts.

75 Gehrig 1931/32, S. 71, 60, 59.

Kurzbiographie

1785	Georg Friedrich Kersting wird am 22. Oktober als Sohn des Amtsglasers Georg Friedrich Kersting d. Ä. und seiner Ehefrau Christina Elisabeth Köster, verw. Bage, in Güstrow geboren.
1800	25. August: Tod des Vaters. Lehrzeit als Dekorationsmaler bei dem Schwager Johann Jacob Beutel, Güstrow.
1804	Im Herbst Studienbeginn an der Kopenhagener Kunstakademie. Kleine silberne Medaille 1806; 1808 große silberne Medaille.
1808	5. Oktober: Tod der Mutter.
1809	Aufenthalte in Rostock, Güstrow, Neubrandenburg. Am 14. November Aufnahme in die Freimaurerloge „Phöbus Apollo" in Güstrow.
1810	Juli: Wanderung mit C. D. Friedrich ins Riesengebirge. Am 13. August Aufnahme an der Kunstakademie Dresden.
1811–1844	Ausstellungsbeteiligungen in Dresden, Berlin und Weimar.
1813–1814	Teilnahme am Befreiungskrieg als Mitglied des Lützower Jägerkorps. Auszeichnungen: Eisernes Kreuz, Russischer. St. Georgs-Orden, Beförderung zum Offizier.
1815	8. Mai: Abreise nach Warschau. Zeichenlehrer bei der Fürstin Sapieha.
1818	24. April: Rückkehr nach Dresden. Ab 1. Juli Beginn der Tätigkeit als Malervorsteher an der Königlich-Sächsischen Porzellanmanufaktur Meißen. Am 22. November Heirat mit Friederica Wilhelmina Agnes Sergel.
1818/19	Leitung der Arbeiten am Wellington-Service
1819	Erfindung einer neuen Vergoldungsart; Entwürfe für Blumenmalerei, u. a. Motiv „Meissner Rose". Mitarbeit an den Vergoldungs- und Farbexperimenten. Ab 1825 Entwürfe für die Gestaltungsabteilung (Formen). 15. Dezember: Geburt des Sohnes Ernst Friedrich.
1820–1845	Reisen zu Messen nach Dresden, Leipzig, Berlin; 1824 Reise durch Thüringen (Jena, Weimar); 1828 Reise nach Nürnberg und München.
1829–1835	Ankauf von Werken durch Sächsischen Kunstverein: 1829 „Faust"; 1834 „Kinder am Weingeleit"; 1835 „Aufwärterin"
1821	18. Januar: Geburt des Sohnes Richard.
1825	19. Januar: Geburt des Sohnes Hermann.
1828	14. Oktober: Geburt der Tochter Anna.
1844	6. Dezember: Tod des Sohnes Ernst Friedrich.
1845	Entwürfe: Vase mit Renaissance-Verzierung (X 50), Uhrgehäuse (X 49) und ein Spiegelrahmen mit Matt- und Glanzvergoldung sowie Blumen im Rokoko-Stil. In Dresden als schönstes Produkt der Porzellanmanufaktur Meißen beurteilt.
1845	13. Mai: Beurlaubung vom Dienst in der Manufaktur wegen wiederholten Schlaganfalls.
1847	1. Juli: Georg Friedrich Kersting stirbt „am Blutschlage".

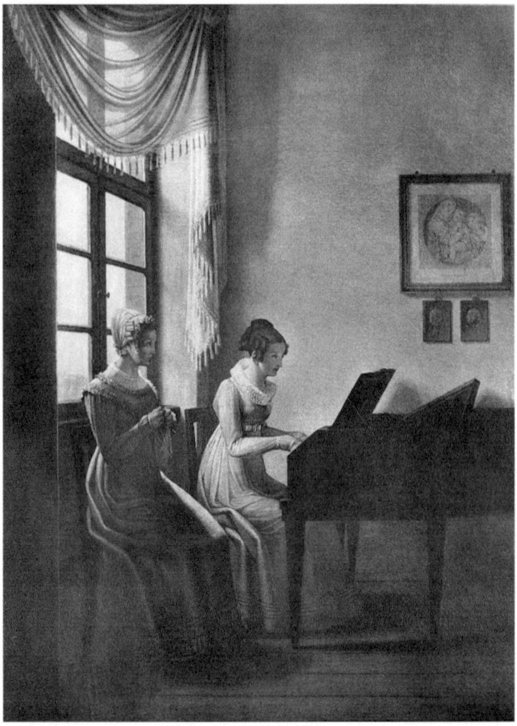

Abb. 38: Mädchen am Flügel, ehemalige Privatsammlung Johann Friedrich Lahmann (Dresden), 1931 verbrannt

Das Gemälde zeigt eine häusliche Szene des Bildungsbürgertums in der Zeit der Romantik, in der den Frauen neben verlangten häuslichen Fähigkeiten (Strickstrumpf) eine musische und geistige Bildung zugestanden wurde. Kersting vermittelt in den Dargestellten das Gefühl, dass die jungen Damen sich konzentriert und ernsthaft mit Musik beschäftigen. Die Haltung erscheint heute etwas steif, sie ist diszipliniert und ihre Kleidung ist hochmodern der Zeit zwischen 1810 bis 1816 angepasst. Es ist die Zeit der Befreiungskriege von napoleonischer Fremdherrschaft und Ernst Moritz Arndt empfahl den Frauen, eine würdige, nationale, patriotische Kleidung zu entwickeln, die sich dann im hochgeschlossenen Kleid mit Spitzenkrause à la Renaissance äußerte. Man hat somit Einblick in ein gutbürgerliches, musikliebendes, patriotisches Haus, das sich gut mit der Wohnung der Familie von Kügelgen in Dresden identifizieren lässt. Sogar die Personen könnten zugeordnet werden. So war Helene von Kügelgen (1774–1842) eine sehr gute Pianistin und kann die Übungen der jungen Dame kritisch verfolgen. Die Schülerin könnte die junge Agnes Sergel sein, die spätere Frau des Malers Georg Friedrich Kersting. Ihm schrieb sie im Jahre 1818, dass sie sich fleißig auf die Ehe vorbereite, auch weiter ihren Unterricht in Klavier und Gitarre verfolge und wiederholt Helene von Kügelgen besuche, mit der sie sich gut verstehe (vgl. Briefnachlass Kersting, Privatbesitz, in: Schnell 1994, S. 361-366). Kersting könnte vor seiner Abreise nach Warschau 1815 diese Szene mit seiner jungen Braut im Hause der Kügelgens beobachtet und festgehalten haben.
Es soll jedoch angemerkt werden, dass die Autorschaft des Gemäldes für Georg Friedrich Kersting angezweifelt werden könnte. Es ist nicht signiert, was für Werke von Kersting die Ausnahme ist. Zudem gibt eine Nachricht über die Kunstausstellung 1810 in Dresden, in der zu den eingereichten Werken der Caroline Bardua (1781–1864) steht: *„Unter den übrigen Portraitmalern muss eine Künstlerin, Demois. Bardua, die hier das erste Mal erschien, vorzüglich erwähnt werden. Sie hat zwei Damen am Piano gruppirt, eine Dame im Shawl, den Maler Friedrich und sich selbst, halbe Figuren, in vier Oelgemälden portraitiert* [...].“ (zitiert nach: Journal des Luxus und der Moden, Weimar, Mai 1810, S. 313).
Obwohl das Motiv eindeutig Kersting zuzuordnen ist und Bardua keine weiteren derartigen Interieur-Bilder hinterlassen hat, könnte es als Studie Barduas bei der Kunstausstellung 1810 gezeigt worden sein.
Das Bild selbst ist über seine künstlerische Bedeutung hinaus eine Momentaufnahme der Dresdner Romantik und seine Vernichtung durch den Brand im Glaspalast 1931 in München, gemeinsam mit den anderen unschätzbaren Werken der Romantik, ist ein bedeutender Verlust des kulturellen Erbes.

Quellen- und Literaturauswahl

Dokumente, Berichte, Briefe
1. Evangelisches Landeskirchliches Archiv Schwerin.
2. Sächsisches Hauptstaatsarchiv Dresden.
3. Staatliche Porzellan-Manufaktur Meißen GmbH, Historische Sammlungen.
Details der Quellenangaben: siehe Fußnoten.

Literaturauswahl
(chronologisch)

Friedrich Piper: *Freimaurerische Gelegenheitsreden,* Güstrow 1837

Karl Polenski: *Geschichte der Johannisloge „Phoebus Apollo" 1805–1905,* Güstrow 1859

Walter Stengl: *Georg Friedrich Kersting,* in: Kunst und Künstler, 9, 1911

Kurt Karl Eberlein: *Georg Friedrich Kersting,* in: Kunst und Künstler, 18, 1920

Friedrich Schult: *Die Kerstings in Güstrow,* Sonderdruck der Mecklenburgischen Tageszeitung, Güstrow, 27. März 1932

Oscar Gehrig: *Georg Friedrich Kersting – Ein mecklenburgischer Maler aus der Zeit der Freiheitskriege,* Rostock 1931/1932

Klaus Leonhardi: *G. F. Kersting – Bilder und Zeichnungen,* Berlin 1939

Otto Walcha: *Meißner Porzellan,* hrsg. von Helmut Reibig, Dresden 1973

Hermann Jedding: *Meißner Porzellan des 19. und 20. Jahrhunderts,* München 1981

Bärbel Kovalevski: *Von unbekannten und verschollenen Bildern Georg Friedrich Kerstings,* in: Bildende Kunst 6, 1984

Hannelore Gärtner: *Georg Friedrich Kersting – Leben und Werk* / **Gerd-Helge Vogel:** *Die Bildnismalerei Georg Friedrich Kerstings und Gemälde und Grafiken Georg Friedrich Kerstings aus Museen und Privatbesitz der DDR.* Diese Beiträge in: Georg Friedrich Kersting 1785 – 1847. Museum der Stadt Güstrow, Güstrow 1985

Hannelore Gärtner: *Georg Friedrich Kersting,* Leipzig 1988

Bärbel Kovalevski: *Georg Friedrich Kersting als Malervorsteher an der Königlich-Sächsischen Porzellanmanufaktur Meißen 1818–1847,* in: Keramik-Freunde der Schweiz. Mitteilungsblatt Nr. 108, 1994, S. 3–89

Werner Schnell: *Georg Friedrich Kersting – Das zeichnerische und malerische Werk,* mit Œuvrekatalog, Berlin 1994

Ira Koch u. a.: *Das Gesicht ist der edelste Sinn… Georg Friedrich Kersting –Zur Porträtkunst.* Ausstellungskatalog, Güstrow 1997

Werner Schnell: *Spinnrad, Trommel und Säbel im Interieur – zu einem neu entdeckten Bild Georg Friedrich Kerstings von 1828,* in: Jahrbuch der Staatlichen Kunstsammlungen in Baden-Württemberg, 36. Bd., 1999

Werner Schnell: *Anschauung als Erkenntnis oder: Über den Blick von Kindern und Erwachsenen im Werk Georg Friedrich Kerstings*, in: Jahrbuch der Staatlichen Kunstsammlungen Dresden, Band 28/2000, S. 77-85

Georg Friedrich Kersting – zwischen Romantik und Biedermeier – 5. Greifswalder Romantik-Konferenz, Güstrow (DDR) 14.-18. Mai 1985, Beiträge in Tagungsband. Wissenschaftliche Zeitschrift der Ernst-Moritz-Arndt-Universität Greifswald, Gesellschaftswissenschaftliche Reihe XXXV, Greifswald 1986

Werner Schnell: *Kersting als Maler inszenierter Natur – seine Parklandschaften von 1808* / **Gerd-Helge Vogel:** *Georg Friedrich Kersting und die Darstellung von Parklandschaften in Dänemark um 1800.* Beide Beiträge in: Kulturstiftung der Länder-PATRIMONIA 297 – Museum der Stadt Güstrow: Georg Friedrich Kersting – Parklandschaft mit Quelle. 1808. Berlin und Güstrow 2004

Werner Schnell: *Das Fenster als Lichtpassage – in Kerstings Frau am Spinnrad und Trommelbube mit Säbel und anderen Interieurbildern* / **Helmut Börsch-Supan**: *Georg Friedrich Kersting – Am Vorabend der Revolution von 1830.* Beide Beiträge in: Kulturstiftung der Länder-PATRIMONIA 314 – Museum der Stadt Güstrow: *Georg Friedrich Kersting – Frau am Spinnrad und Trommelbube mit Säbel.* 1828. Berlin und Güstrow 2006

Helmut Börsch-Supan: *Kerstings Kinder am offenen Fenster: Erzählung und tiefere Bedeutung.* / **Werner Schnell:** *Kerstings zu hoch hängende Trauben – oder die Sehnsucht durchs Sehen.* Beide Beiträge in: Kulturstiftung der Länder-PATRIMONIA 326 – Museum der Stadt Güstrow: *Georg Friedrich Kersting – Kinder am offenen Fenster,* 1843. Berlin und Güstrow 2007

Bärbel Kovalevski: Louise Seidler 1786–1866 – *Goethes geschätzte Malerin,* Berlin 2007

Bärbel Kovalevski: *Georg Friedrich Kersting 1785–1847*, Heft 5 der Reihe „Kleine Galerie“, Berlin 2010

Bärbel Kovalevski: *Die Bilder-Chronik des Sächsischen Kunstvereins Dresden 1828–1836*, H. W. Fichter Kunsthandel und Edition, Frankfurt a. M., 2010

Bärbel Kovalevski: *Louise Seidler 1786–1866*, Heft 6 der Reihe „Kleine Galerie“, Berlin 2011

Bärbel Kovalevski: *Von Zeichenlehrern und Eleven – Die Zeichenschule Meißen unter der Kunstakademie Dresden, in: Kunst oder Kommerz? Meißner Porzellan im 19. Jahrhundert*, hrsg. von Staatliche Schlösser, Burgen und Gärten Sachsen, Ausstellungskatalog: *„300 Jahre Mythos Manufaktur Meissen: Die Albrechtsburg als Porzellanschloss“*, Meißen vom 8. Mai bis 31. Oktober 2010, Dresden 2010

Uta Baier: *Georg Friedrich Kersting – Der Vermeer aus Mecklenburg zwischen Porträtmalerei und Porzellankunst,* in: Kulturstiftung der Länder, ARS PRO TOTO 2, Berlin 2011

Bärbel Kovalevski: *Form und Glanz aus Meissen – Porzellan 1814–1850*, Berlin 2019

Abbildungsverzeichnis

Abb. 1 Ansicht der Stadt Güstrow vom Heidberg, um 1809, Öl/Lw., 70 x 83 cm, Museum der Stadt Güstrow, Foto: Dr. Carsten Neumann

Abb. 2 Wohnhaus der Familie Kersting in Güstrow, Hollstraße, Foto von 2020

Abb. 3 Frau Ilsabe Koester, 1809, Öl/Lw., 34 x 28,5 cm, Bez.: G. Kersting 1809, Ehemals Privatbesitz Hamburg, verschollen, Foto: O. Gehrig 1931/1932, S. 18

Abb. 4 Jens Juel (1745–1802), Bildnis Nicolai Abildgaard (1743–1809), Öl/Lw., ohne Maße, www.wikimedia.de (Jdsteakley)

Abb. 5 Parklandschaft mit Quelle, 1808, Öl/Lw., 39,0 x 32,7 cm, Bez.: G.K. 1808, Museum der Stadt Güstrow

Abb. 6 Die Bechly`sche Schmiedewerkstatt, Kopie von M. Alterdinger, Anfang 20. Jh., Privatbesitz, nach Georg Friedrich Kerstings Gemälde von 1809, das 1945 in Neubrandenburg verbrannte

Abb. 7 Phoebus Apollo mit den Stunden, 1822, Öl/Lw., 90,5 x 66 cm Museum der Stadt Güstrow

Abb. 8 Ansicht Rostocks vom Gertrudenplatz, um 1809, Öl/Lw., 48,5 x 62,6 cm, Bez. u. l.: G. Kersting, 1809, Kulturhistorisches Museum Rostock

Abb. 9 Paar am Fenster, um 1817/18, Georg-Schäfer-Museum Schweinfurt

Abb. 10 Die Stickerin (Louise Seidler), 1811, Öl/Lw., 47,2 x 37,5 cm, Bez. u. r.: G. Kersting, KSW, Kunstsammlungen Weimar, Inv. Nr. G 50b, © Wikimedia

Abb. 10 a Mann am Sekretär (Kügelgen am Schreibtisch), 1812, Klassik Stiftung Weimar, Kunstsammlungen, Inv. Nr. G 50a, © Wikimedia

Abb. 11 Ein Studierzimmer, 1812 (Der elegante Leser – Friedrich Christoph Förster?), Öl/Lw., 47,5 x 37,5 cm, Bez. u. l.: Kersting 1812, r. u. G.K. 1812, KSW, Kunstsammlungen Weimar, Inv. Nr. G 50 c, © Wikimedia

Abb. 12 Selbstbildnis als Lützower Jäger, 1813, Bleistift, 12 x 9,3 cm, Privatbesitz, © Wikimedia

Abb. 13 a Auf Vorposten, 1815, Öl/Lw., 46 x 35 cm, SMPK, Nationalgalerie Berlin © Bildarchiv Kovalevski

Abb. 13 b Die Kranzwinderin, 1815, Öl/Lw., 40 x 32 cm, Gärtner 1988, Seite 101, SMPK, Nationalgalerie Berlin, © Bildarchiv Kovalevski

Abb. 14 Die Kinder von Georg Friedrich und Agnes Kersting (Ernst, Richard, Hermann, Anna), Öl/Lw., um 1832, Nachlass Kersting, Privatbesitz

Abb. 15 Bildnis Agnes Kersting, geb. Sergel, 1832, Öl/Lw., 67,5 x 52,5 cm, Nachlass Kersting, Privatbesitz

Abb. 16 Selbstbildnis mit Eisernem Kreuz II, 1815/16, Öl/Lw., 65,8 x 52,5 cm, Nachlass Kersting, Privatbesitz

Abb. 17 Bildnis Leon Sapieha, um 1815, Öl/Karton, 75 x 80 mm, Sammlung Fürst Czartoryski, Goluchów, verschollen, Bildarchiv Kovalevski

Abb. 18 Bildnis Anna Sapieha-Czartoryska, 1816/17, Öl/Karton, 9,5 x 8,3 cm, Muzeum Narodowe, Warschau, Bildarchiv Kovalevski

Abb. 19 Mutter mit Kind vor Bauernhaus, um 1816, Bleistift, Museum Narodowe, Wroclaw, Bildarchiv Kovalevski

Abb. 20 Amphorenvase mit Vedute des Meißner Doms, 1839, rückseitige Widmung zum 10. Februar 1839 für Archidiakon M. Kenzelmann, Form Qu 50, um 1818 – Ausführung 1839, Königlich-Sächsische Porzellanmanufaktur Meißen, Bayerisches Nationalmuseum München, Inv. Nr. 86/271

Abb. 21 Musterblatt für Porzellandekore, um 1820, Blei, Feder, Aquarell, Musterblatt Nr. 287, MEISSEN, Historische Sammlungen, © Bildarchiv Kovalevski

Abb. 22 Meißner Porzellan-Service für den Herzog von Wellington, 1819, mit Darstellungen aus dem Leben des Herzogs an historischen Orten und Kriegsschauplätzen. London, Wellington-Museum. © Bildarchiv Kovalevski

Abb. 23 Blumenstilleben, 1830/39, Öl/Lw., 32 x 39 cm, Albertinum, Galerie Neue Meister, Staatliche Kunstsammlungen Dresden, Foto: Jürgen Karpinski

Abb. 24 Service mit Malerei „Meißner Rose“, Form und Dekor um 1820, Ausführung 1955, Meißen, Porzellan-Stiftung GmbH - Porzellanarchiv, © Bildarchiv Kovalevski

Abb. 25 Blumenbukett mit Tulpe, um 1825, Malerei im Stil der Meißner Maniermalerei, Aquarell, 9,1 x 8,6 cm, Staatliches Museum Schwerin, © Bildarchiv Kovalevski

Abb. 26 Porzellanservice, 1844, Meißen, Form X nach Silbermodell, Entwurf: Georg Friedrich Kersting, Meißen, Porzellan-Stiftung GmbH - Porzellanarchiv, © Bildarchiv Kovalevski

Abb. 26 a Fruchtstück im Kreis, Aquarell, Staatliches Museum Schwerin, © Bildarchiv Kovalevski

Abb. 27 a Kinder am offenen Fenster III, 1843, Öl/Lw., 19,5 x 15,5 cm, Museum der Stadt Güstrow, © Bildarchiv Kovalevski

Abb. 27 b Kinder am Weingeleite, 1836, Biskuitporzellan, Lithophanie Nr. 139, Porzellanmanufaktur Meißen, MEISSEN, Historische Sammlungen, © Bildarchiv Kovalevski

Abb. 27 c Kupferstich, signiert: „Gem. v. Kersting/Gest. v. Kluge.“, betitelt: „Kinder am offenen Fenster“ und bezeichnet: „Angekauft vom Sächsischen Kunstvereine auf das Jahr 1834. 21 Zoll breit, 1 Elle 14 Zoll hoch.“ © Bildarchiv Kovalevski

Abb. 27 d Scheheräzade, 1841, nach dem Gemälde von Paul Emil Jacobs (1802-1866), Biskuitporzellan, Lithophanie Nr. 187, Porzellanmanufaktur Meißen, MEISSEN, Historische Sammlungen, © Bildarchiv Kovalevski

Abb. 28 Der Geiger Nicolo Paganini, 1830, Öl/Lw., 24 x 18,5 cm, Albertinum, Galerie Neue Meister, Staatliche Kunstsammlungen Dresden, Foto: Jürgen Karpinski

Abb. 28 a Der Maler Gerhard von Kügelgen in seinem Atelier, Staatliche Kunsthalle Karlsruhe, © Wikimedia

Abb. 29 a Caspar David Friedrich in seinem Atelier, 1811, Öl/Lw., 54 x 42 cm Kunsthalle Hamburg, © Bildarchiv B. Kovalevski

Abb. 29 b Caspar David Friedrich in seinem Atelier, 1819, Öl/Lw., 51 x 40 cm SMPK, Nationalgalerie Berlin, © Bildarchiv Kovalevski

Abb. 30 Faust in seinem Studierzimmer, 1829, Öl/Lw., 67,8 x 52 cm, Privatbesitz, © Bildarchiv Kovalevski

Abb. 31 Maler an der Staffelei (Simon Wagner?), um 1820, Bleistift, 16 x 20,5 cm, Kupferstichkabinett, Staatliche Kunstsammlungen Dresden, Foto: Andreas Diesend

Abb. 32 Das sogenannte „Kerstinghaus“ auf dem Domplatz Meißen, 2010

Abb. 33 Hermann Kersting mit Zeichenmappe, 1841, Bleistift, Privatbesitz

Abb. 34 Hermann Kersting (1825–1850), Bildnis des Bildhauers August Wittig (1823–1893), Öl/Lw., 115 x 74 cm, 1849, Stadtmuseum Meißen

Abb. 35 Richard Kersting vor seiner Abreise nach Riga, 1843, Neue Pinakothek München, © Wikimedia

Abb. 36 Bildnis Theodor Fontane, 1842/43, Kreidezeichnung, Photogravur aus: Theodor Fontane: Von Zwanzig bis Dreißig, Berlin 1898, S. 205, © Wikimedia

Abb. 37 Selbstbildnis als Freimaurer, 1822, Detail aus „Phoebus Apollo“ mit den Stunden, Stadtmuseum Güstrow

Abb. 38 Abb. 37: Mädchen am Flügel, ehemalige Privatsammlung Johann Friedrich Lahmann (Dresden), 1931 verbrannt © Wikimedia